はじめに

本書の執筆のさなか、文部科学省から「通常の学級に在籍する特別な教育的支援を必要とする児童生徒に関する調査」（2022年）の調査報告が公表されました。この調査によると、学習面または行動面で著しい困難を示す児童生徒数は、全国の公立小中学校に通う子どもの8.8％にのぼり、10年前の前回調査から2.3ポイント増えています。また、小中学校において通級による指導を受ける児童生徒の数は、この10年で約2.5倍に増加しています。10年前の調査とは調査対象の地域や質問項目が異なるようなので一概には比較できませんが、これらの数字は、特別な教育的支援を必要とする子どもが増加していることを示しているといえるでしょう。

学校に目を向けてみると、一斉授業では先生からの指示が聞き取れず授業についていけない子ども、漢字をくり返しノートに書くのが苦手で学習がいやになってしまう子ども、わからないことがあっても周囲に助けを求めることが難しい子どもなど、支援が必要と思われる多くの子どもが通常学級に在籍しています。どの子どもにも学び、育つ権利がありますが、必ずしもすべての子どもに十分な支援が行われているとはいえず、特別支援教育支援員（以下、支援員と表記）の役割はますます大きくなっているのではないでしょうか。

私が支援相談員として所属するＮＰＯ法人ぴゅあ・さぽーとは、２００８年から支援員の養成、配置事業を行っています。事業開始から15年の間に、社会や子どもを取り巻く環境は大きく変化し、学校や子どもたちの様相も変化してきています。新しい時代を生きる子どもの支援に携わる支援員も、変化に対応するとともに、支援スキルを上げていかなくてはいけないと感じます。

支援員は、学校の先生の指示のもとで子どもを支援しますが、子どもの動きによりとっさの判断を求められることも多く、障害に関する知識やスキルが必要です。本書では、発達障害やその支援に関する基礎的な知識のほか、支援員の経験談や寄せられる相談をもとに、学校で見られる具体的な事例を入れて構成しました。現在、支援員をしているみなさんや、これから支援員になろうとしているみなさんの、支援のアイデアやヒントになれば幸いです。

また、支援員という仕事についてご存じない方もたくさんいらっしゃると思います。本書をお読みいただくことで、支援員の仕事や思いについて知っていただける方が少しでも増え、支援に携わる方々が協力・連携することで、一人でも多くの子どもたちにあたたかい支援の手が届くことを願っています。

2023年2月

松尾　麻衣

目次

【本書の用語等について】
＊「特別支援教育支援員」は、「支援員」と表記しています。なお、職員の名称は自治体や学校によって異なる場合があり、職務内容についても本書の内容とは異なる場合があります。
＊学級担任等の教員については、「先生」と表記しています。
＊本書では、主に小学校での事例を扱っています。
＊本書で扱う事例は、さまざまなケースをもとにした架空の事例であり、実在の人物や学校とは一切関係ありません。

第1章

支援員の役割や心構えについて知りましょう

1 特別支援教育支援員の役割

特別支援教育支援員とは、どのような役割なのでしょうか

■学校教育法上の位置づけ

現代は、情報化をはじめとする変化の激しい時代です。学校が直面する課題も多様化、複雑化しています。そんな中、特別な教育的支援を必要とする子どもは年々増加しており、一人ひとりの子どもを適切に支援することの大切さがいっそう増してきています。

学校の先生の業務も増大し、働き方改革を求められる中、先生方だけでは十分な支援を行うことが難しい場合があり、特別支援教育支援員（以下、支援員と表記）には、先生と連携しながら子どもたちの支援に当たるスタッフとしての役割が求められています。

２０２１年に改正された学校教育法施行規則（第65条の6）では、「特別支援教育支援員は、教育上特別の支援を必要とする児童の学習上又は生活上必要な支援に従事する」と定められており、その具体的な職務内容として、主に次のものが考えられるとされています。

・基本的生活習慣確立のための日常生活上の介助
・学習支援
・学習活動、教室間移動等における介助
・健康・安全確保

・周囲の児童生徒の障害理解促進

（２０２１年「学校教育法施行規則の一部を改正する省令の施行について（通知）」文部科学省より）

学校の先生方と連携する

実際の学校では、障害も子どもの様子もさまざまであることから、学級担任の先生や特別支援教育コーディネーター（学校内や外部の関係機関との連絡調整、保護者に対する相談窓口、担任への支援、校内委員会の運営や推進といった役割を担う）の先生と連携し、どの子どもにどのような支援が必要なのか確認しながら支援に当たることになります。

あくまで、子どもたちの教育や支援について責任を負っているのは担任等の先生方であり、支援員はその補助をすることが基本的な役割です。そのため、支援員が自分の判断で独自に支援の内容を決めることはできませんし、先生の代わりに授業を行うこともできません。

しかし、支援員は、子どもに直接関わりながら支援を行います。時には、担任の先生以上に子どものそばにいる時間が長い場合もあるでしょう。補助的な役割だからといって、障害に関する知識や、対応するためのスキルがなくてもよいわけではありません。支援を行うためには、障害やその適切な対応について学んでいくことが大切です。

2

日本の特別支援教育の方向性

これからの特別支援教育の方向性を理解しておきましょう

■特別支援教育を受ける子どもの増加

日本の子どもの数は減少している一方、特別支援教育を受ける子どもの数は年々増え続けています。特別支援学級の子どもは、10年前の約2倍、通常の学級に在籍し通級による指導を受けている子どもは約2.5倍に増えています。また、２０２２年に発表された文部科学省による調査結果では、小・中学校の通常の学級には8.8％程度の割合で、特別な教育的支援を必要とする子ども（知的発達に遅れはないものの学習面または行動面で著しい困難を示す）が在籍すると推計されています。

■特別支援教育の方向性

ここで、日本の特別支援教育の歴史と方向性を確認しておきましょう。

２００６年に「障害者の権利に関する条約」が採択され、日本では２０１４年に批准しました。この条約は、「インクルーシブ教育システム」や「合理的配慮」などの理念を提唱する内容となっています。日本ではそれにもとづき「障害者基本法」「障害者差別解消法」等の関連法の整備が進められてきました。

近年では、２０２１年に中央教育審議会から、「『令和の日本型学校教育』の構築を目指して」という答申が出されました。ここでは、これからの特別支援教育の基本的な考え方として、「障害者の権利に関する条約に基づくインクルーシブ教育システムの理念を構築し、特別支援教育を進展させていくために、引き続き、障害のある子供と障害のない子供が可能な限り共に教育を受けられる条件整備、障害のある子供の自立と社会参加を見据え、一人一人の教育的ニーズに最も的確に応える指導を提供できるよう、通常の学級、通級による指導、特別支援学級、特別支援学校といった、連続性のある多様な学びの場の一層の充実・整備を着実に進めていく必要がある」と述べられています。

「インクルーシブ教育システム」とは、人間の多様性の尊重等を強化し、障害のある人が精神的および身体的な能力等を可能な最大限度まで発達させ、自由な社会に効果的に参加することを可能にするという目的のもと、障害のある人とない人が共に学ぶ仕組みのことをいいます。同じ場で共に学ぶことを追求するとともに、個別の教育的ニーズのある子どもに対して、自立と社会参加を見据えて、その時点での教育的ニーズに最も的確に応える指導を提供できる、多様で柔軟な仕組みを整備することが重要であるとされています。

また、「合理的配慮」とは、障害のある子どもが、ほかの子どもと平等に「教育を受ける権利」を享受・行使することを確保するため、学校の設置者および学校が必要かつ適当な変更・調整を行うことです。支援員が個別のニーズに応じて必要な支援を行うことも、合理的配慮の一環であると考えられます。

3 子どもに寄り添う「あたたかい支援」とは

困難を抱える子どもに寄り添い、成長を信じて支援しましょう

■子どもの力になりたいという気持ちを大切に

支援員のみなさんは、どのような動機で支援員になろうと思ったのでしょうか。障害のある子どもの力になりたい、子どもと接するのが好き、家族に障害のある人がいて周囲に支えられてきたので自分も何かしたい……など、動機はさまざまだと思います。

どのような動機であっても、子どもの力になりたいという気持ちは共通していることでしょう。ぜひ、最初に感じた気持ちを大切にして、日々の支援に当たってください。障害のある子どもを支援するのは簡単なことではありません。悩むこともあると思いますが、そのようなときには初心に立ち返り、粘り強く子どもたちと向き合っていただきたいと思います。

■成長を信じて支援する

支援が必要な子どもたちは、日々、困難に直面しています。その困難は、周囲の目に見えるものばかりではありません。学校では「困っている子ども」というより「(周囲にとって) 困った子」と見られてしまうこともあります。特に、多動や他害、暴言等によるトラブルが多い子どもは、周囲の大人の理解が得られないだけでなく、子どもの間でも孤立したりいじめられたりといったことが起きる場合

があります。

しかし、子どもは皆、成長のスピードが違っても日々成長していきますし、子ども自身成長したいと願っています。支援員のみなさんには、子どもの成長を信じて近くで見守り、共感し、はげましながら、子どもの味方になっていただきたいと思います。トラブルが起きたときには、感情的に叱るのではなく、どうしたら改善していくことができるのか、子どもの行動の背景を冷静に考えてください。

支援員という役割でできることは限られます。一年間同じ子どもの支援についていても子どもの成長が明確に見られず、無力感を感じることもあるかもしれません。しかし、人の成長は明確に目に見えるものばかりではありません。特に発達に偏りがある子どもの成長は階段状ではないといわれています。できるかできないかという単一な評価ではなく、意欲やモチベーションの成長など、小さな変化に気づけるように、子どもの様子を日々観察しましょう。

発達障害のある子どもは、自分と友達を比べて、自信をなくしていることがあります。自信は、人との比較ではなく、過去の自分との比較で培うものです。子どもは自分の変化や成長に気づいていないことがあるので、支援員が積極的に言葉にして伝えていきましょう。「自分には苦手なことがあるけれどよいところもある。応援してくれる人がいる」と感じている子どもは、よりよく成長していけるといわれています。身近な大人が、自分の成長を信じ、味方になってくれること。この経験こそが、子どもが生きていく上での力になる、あたたかい支援といえるのではないでしょうか。

4 支援員としての心構え①――個別の指導計画・安全管理・個人情報

支援員としての基本的な心構えを理解しましょう

■個別の指導計画に即した支援

学校では、障害のある子どもについての指導計画、指導内容などを記載した「個別の指導計画」を作成し、その内容をもとに日々の指導を行っていることが多いです。支援員は、学校の方針や「個別の指導計画」にもとづいた支援を行うことが基本になります（支援員が「個別の指導計画」を直接見る機会があるかどうかは、学校や自治体の方針によります）。支援対象の子どもが困っていることやその原因、長期的な目標や短期的な目標、具体的な支援方法などについて理解して支援に当たりましょう。

そのためには、先生方とのコミュニケーションが重要になります。多忙な先生方とコミュニケーションを図るのは難しいこともあると思いますが、支援員からも積極的にコミュニケーションをとりたいものです。

また、学校や学級には目標や生活上のルールがあります。支援員も学校の一員として目標やルールを理解し、支援を行いましょう。

■安全管理を確実に行う

支援員の重要な役割として、「健康・安全管理（安全確保）」があります。障害に起因する健康上必要な配慮やアレルギーなどについて理解して支援に当たりましょう。また、万が一、事故が起きたときの対応についても学校に確認しておきましょう。

安全管理については、いざというときに子どもの安全が確保できる位置・距離で見守ることが必要です。安全が確保できる範囲で、子どもがさまざまな経験をする機会を損なわないように配慮してください。子どもから離れすぎていてもいざというときに対応できないことがありますし、いつも近くにいては子ども同士のコミュニケーションの機会を奪ってしまいます。適度な距離を考えましょう。

■個人情報を漏らさない

支援員は、個人情報に触れる機会が多くあります。子どもについてだけでなく、先生や保護者、学校内のできごとを知る機会もあるでしょう。支援員には、それらの情報を外部に漏らさない守秘義務があります。学校で知った情報については、学校以外の場所で話題にしたり、家族を含めたほかの人に伝えたりしてはいけません。もちろん、ＳＮＳ等で発信したり、メールで話題にしたりしてもいけません。

子どもの名前や学校名などが入った資料を学校からもらった場合は、できるだけ学校から持ち出さず、校内で見るようにしましょう。自分のノートに情報をメモする場合も、子どもの実名でメモしないなど、万が一なくしても、個人情報がわからないようにする配慮が必要です。そのほか、個人情報の取り扱いについて不安なことがある場合は、速やかに学校に相談しましょう。

5 支援員としての心構え② ――子どもを観察し、自分の支援を振り返る

支援員としての基本的な心構えを理解しましょう

■子どもをよく観察する

支援に当たっては、まず、子どもをよく観察することが大切です。困ったときに自分から支援員に声を掛けられる子どももいれば、静かに困っていて助けを求められない子どももいます。子どもをよく観察し、子どもが自分でできるのか、支援が必要なのか、支援が必要なのであればどのような支援が必要なのかを考えることが求められます。

また、子どもはそれぞれの認知特性（得意なことと苦手なことの差が大きいなど、理解や判断に関する特徴。たとえば「言葉で聞いて理解するのは苦手だけれど、目で見て理解するのは得意」など）をもっています。子どもの様子を見ずに「本に書いてあったから」「ほかの子がそうだったから」などの理由で、支援員が一つのやり方を子どもに押しつけるようでは、効果的な支援が望めません。

自分の考えや特定の支援の方法に固執せず、周囲の先生方の意見を聞いたり、ほかの人の子どもとの接し方を参考にしたりしながら、支援員として支援の引き出し（バリエーション）を増やしていくことが、よりよい支援につながっていきます。

■自分の支援を客観的に振り返る

日々、子どもと接していると、自分の支援がこれでよいのか、不安になったり悩んだりすることもあるでしょう。そのようなときは、一人で悩まず、担任の先生や、特別支援教育コーディネーターの先生、管理職の先生などに相談しましょう。支援は支援員が一人で行うものではありません。学校の先生方との連携が大切です。時には、「今日はこのような支援を行いましたが、それでよかったでしょうか」など、担任の先生に自分の支援内容について確認し、アドバイスをもらうのもよいでしょう。

子どもたちはいずれ、学校生活を終えます。学校でのさまざまな体験が、その後の社会生活に必要なスキルへとつながるのです。子どもに寄り添うことは大切ですが、関わりが強すぎると子どもの自立をはばんでしまうこともあります。日ごろから自分の支援を客観的に振り返り、子どもにとって必要な支援は何かを考えましょう。

■環境調整の役割

状況によりますが、支援対象の子どもに毎日支援員がついているわけではない場合が多いと思います。支援員がいない日でも、先生や学級の友達の協力を得て学校生活をスムーズに送れるように、子どもの自立を考えて支援に当たりましょう。そのためには、対象の子どもへの働きかけだけでなく、周囲の子どもの理解を得たり、子ども同士の人間関係を良好にしたりするなどの環境調整も必要となります。支援対象の子どもだけでなく、学級の子どもたちとも信頼関係を築くことが、間接的な支援になることがあります。

コラム1
インタビュー

自分を理解してくれる人がいることの大切さ

Aさん（特別支援学校卒業生）

障害があり，特別支援学校を卒業したAさんに，子どものころの思い出や，支援員に期待することをうかがいました。

Q 学校の授業で印象に残っているエピソードはありますか?

A 漢字の授業で，ある一つの漢字をどうしても覚えられなかったことがありました。でも，ある日先生が，その漢字を一画ずつ色分けして表示してくれたら，5分で覚えられました。提示のしかたでこんなにわかりやすさが違うんだとびっくりしたので，今でも印象に残っています。

Q 出会った先生や支援者で印象的だった人はいますか?

A 勉強熱心で，私の障害について勉強しながら国語を教えてくれた先生がいました。私のことを理解しようとしてくれたことがうれしくて，がんばろうと思えました。

逆に，別の先生の授業で，ある算数の課題をなかなか理解できなかったことがあったのですが，先生がそこにこだわって先に進まず，同じことをくり返し指導されて辛かったことがあります。今思うと，私に合わないやり方だったんじゃないかなと思います。

Q 支援員に期待することは何ですか?

A 子どものときは，障害による自分の大変さを人に伝えるのは難しいと思います。だから学校では，自分を理解してくれる人が一人でも二人でも周りにいることが大事です。「この人はわかってくれる」と思える人が一人いるだけで，学校生活の大変さや楽しさが違ってくると思います。

また，学習や生活の手助けも必要ですが，話を聞いてくれたり，味方になってくれたりする「心のサポート」をしてくれる人がいると，学校が楽しくなるのではないでしょうか。支援員さんには，そんなサポーターとして学校にいてほしいです。

第2章

発達障害とその支援について知りましょう

1 学習障害（ＬＤ）

学習障害とはどのような障害で、どのような支援が必要なのでしょうか

■学習障害とは

学習障害は、ＬＤ（Learning Disorders または、Learning Disabilities の略語）ともいい、全般的な知的発達に遅れはないのに、聞く・話す・読む・書く・計算する・推論する能力のうち、特定のものの習得と使用に著しい困難がある状態をいいます。障害の原因は中枢神経系に何らかの機能障害があると推定され、視覚障害、聴覚障害、知的障害、情緒障害などの障害が直接の原因ではないといわれます。また、環境的な要因によるものではありません。

学習障害のある子どもは、認知（理解、判断、推論など知的機能のこと）について次のような特徴が見られることがあります。

【言葉の発達や偏り】語彙が少ない。文法を誤る。長い文章を話せないなど。

【聴覚的理解や視覚的理解】言葉による指示では行動できないが、視覚的な手がかりで行動できる。漢字の文字の形を正しく覚えられないなど。

【記憶】複数の簡単な指示を覚えることが難しい。一度に複数のことを並行してできないなど。

このような認知の特徴によって学習面での困難が生じ、学校では次のような様子が見られることがあります。また、本人の状態によって、同じようなことでも、できたりできなかったりする場合があり

ます。

・授業内容は理解しているのに、漢字は何度練習しても正しく書くことができない。
・計算の方法はわかっているのに、ミスが多い。
・文章を読む際に何度もつまる。正しく読めない。
・計算はすばやくできるが、文章題になると意味を理解できない。

■周囲の理解と支援の必要性

認知の特徴からくる前述のような様子は、「できるのになぜやらないのか」「なまけている」などと思われがちです。学習障害のある子どもは、会話は成立することが多く、大人っぽい言葉づかいや態度であることも多いため、周囲から障害を理解されにくい場合があります。注意されてばかりいたり、努力が足りないというレッテルを貼られたりすると、二次障害（コラム2参照）につながることもあります。子どもが抱える困難さに、周りの大人が早く気づき、理解し、その子どもに合わせた支援をすることが大切です。支援では、次のような対応が基本となります。

①子どもの苦手なことを把握し、それはなぜかを考える。
②苦手さへの対応策、補助手段、代替手段を考える。
③子どもに合わせた目標を設定し、がんばりを認めて励ます。

2 注意欠陥多動性障害（ADHD）

ADHDとはどんな障害で、どのような支援が必要なのでしょうか

■注意欠陥多動性障害とは※

注意欠陥多動性障害（ADHD）は、次に示すような注意持続の欠如もしくは、その子どもの年齢や発達レベルに見合わない多動性や衝動性が特徴です。これらの特徴をすべてもっている場合もあれば、部分的にもっている場合もあります。

【不注意】 集中力が続かない。気が散りやすい。忘れっぽいなど。

【多動性】 じっとしていることが苦手で、席を離れたり動き回ったりするなど。

【衝動性】 思いついた行動について、行ってもよいか考える前に実行してしまうなど。

■ADHDのある子どもの支援の基本

ADHDのある子どもに対しては、次のような支援が有効と考えられています。

- 教室の掲示物など、刺激になるもの、気になるものをできるだけ少なくする。
- 集中できる時間に合わせた働きかけを行いやすくするために、座席の位置を配慮する。
- 板書やノートの書かせ方に配慮する。（例）箇条書きで書く。キーワードだけ書く。行頭に印をつける。
- 待つ場面では、待ち時間や次の活動の見通しをもたせたり、やることを用意したりする。

・集中できる時間に合わせた課題の量を考える。
・休み時間に走る機会を作るなど、活動エネルギーを上手に発散させる工夫をする。
・動いてもよい環境を作る。(例) プリントを配る、黒板を消すなどの手伝いをさせる。
学級でこのような支援が行われていることもあります。様子を観察してみましょう。

■支援員ができる支援

環境整備などの支援については学校・学級の方針もあり、支援員がすぐに取り組むのは難しいかもしれませんが、日々の学校生活の中でできる支援として次のようなことが考えられます。
・授業中は、必要な物だけを机上に用意させ、不要なものは目に入らないようにする。
・話し掛けるときには子どもの名前を呼んで、注意を引きつける。
・約束事が守れたら間を置かず、すぐにほめる。
・できてあたり前と思われることでも、積極的に言葉でほめる。
・子どもが何か話そうとして表現できないときは言葉で補う。
・取り組む目標、守るべきルールなどを子どもと相談して決める。
子どもの様子を観察し、できることから少しずつ取り組んでいきましょう。

※ＩＣＤ－11（２０１８年）では注意欠如多動症、ＤＳＭ－５（２０１４年）では注意欠如・多動症とされていますが、文部科学省の資料では注意欠陥多動性障害としているため、本書では本表記としています。

3 自閉症スペクトラム（ASD）

自閉症スペクトラムとはどんな障害で、どのような支援が必要なのでしょうか

■自閉症スペクトラムとは

自閉症スペクトラム（Autism Spectrum Disorder）は、持続する相互的な社会的コミュニケーションや対人的相互反応の障害、限定された反復的な行動、興味、または活動の様式と定義されています。つまり、人とのコミュニケーションが困難であったり、何かに強くこだわったり、くり返しの行動が多かったりして、日常生活に支障をきたしてしまうような状態をいいます。

幼少期には、視線が合いにくかったり、一人を好んでいるように見えたりすることもあります。学齢期では、周囲にあまり配慮せずに、自分が好きなことをしたり言ったりして、集団になじむのが難しいこともあります。また、決められたルールを好み、場面に応じて臨機応変に対応することが苦手な傾向にあるため、突発的に起きることや予定変更で混乱してしまうこともあります。

さらに、知的な遅れがなくても、言葉をうまく扱えず、単語を覚えても意味を理解することが難しい場合があります。自分の気持ちを言葉にしたり、想像したりするのも苦手です。そのために、自分の言いたいことをうまく伝えられずに混乱してしまうようなこともあります。

自閉症スペクトラムのある子どもの支援の基本

自閉症スペクトラムのある子どもに対しては、子どもに伝わりやすいコミュニケーションを意識しましょう。あいまいなものは適していません。支援に際しては、次のような点に配慮しましょう。

- 指示は、はっきり子どもにわかるように事前に伝えておく。
- ルールは、見てわかるようにはっきり示す。
- 頭ごなしに叱るのではなく、子どもの頭の中にどのような考えがあるかを想像してみる（子どもは以前経験したことの記憶をもとに行動している場合が多い）。
- 少しでもうまくできたときは、子どもにとってわかりやすく、喜ぶ方法でほめる。
- 失敗したことを叱るのではなく、次にどうしたらよいかを具体的に示す。
- 初めての場面や活動では、無理強いせず、場所や人に慣れるための時間を取る。
- 子どもが見通しをもてるように、あらかじめ絵や写真などで、「いつ」「どこで」「何が起こるのか」「いつ終わるのか」などを示す。

自閉症スペクトラムの状態にはかなり幅があります。一見、症状が目立たない場合でも、周囲の理解やサポートが必要なことが多いため、個々の子どもに合わせた支援を行うことが大切です。

4 その他の支援が必要な障害

学校には、さまざまな障害のある子どもが在籍しています

■さまざまな障害

先に挙げた障害以外にも、学校にはさまざまな障害のある子どもが在籍しています。次に挙げる障害は、支援の中で出合うことが比較的多いと考えられる障害です。

これらの障害の特性を理解することは必要ですが、障害が複合的な場合もあり、一人ひとりの子どもによって必要な支援は異なります。支援では、障害名にかかわらず、個々の困難や苦手さに寄り添うことが大切です。

また、第1章でも記したように、学校では「個別の指導計画」を作成していることがあります。支援に入る前の打ち合わせで、どのような支援が必要なのか、安全面の配慮事項は何かなど、しっかり確認しておきましょう。

ダウン症（ダウン症候群）

通常、21番目の染色体が3本あることで起こる疾患です。ダウン症の子どもは、筋肉の緊張が低く、全体的にゆっくりと発達します。すべての人に認められるわけではありませんが、心臓の疾患、消化器系の疾患、甲状腺機能低下症、眼の疾患、難聴などを合併することがあります。また、舌が突出して

いるといった口腔の特徴により、多くのケースで発音が不明瞭です。

知的障害の程度には幅があるため、必要な支援は子どもによって異なります。どのような支援が必要なのか確認するようにしましょう。

てんかん

てんかん発作とは、脳にある神経細胞の異常な電気活動により引き起こされる発作のことで、体の一部が固くなる、手足がしびれたり耳鳴りがしたりする、動悸や吐き気を生じる、意識を失う、言葉が出にくくなるなどさまざまな症状が起こります。小児期に発症することが多いですが、思春期に発症するケースもあります。症状によっては、学校の活動への参加が制限される場合もありますし、休憩を細かく取る対応が必要な場合もあります。事前に支援の注意点を確認しておきましょう。

身体的な介助

さまざまな事由により、補装具（身体機能を補完、または代替して使用される用具。車いす・下肢装具・義手・義足・補聴器・眼鏡など）を使用している子どもがいます。

このような子どもに対する学校での介助や支援の場面としては、給食・着替え・朝や帰りの支度・教室移動・休み時間の見守り・トイレの手伝いなどがあります。介助の内容は、障害の程度や、知的障害があるかどうかによっても異なります。学校にどのような介助が必要か確認しておきましょう。

コラム 2

二次障害を生じさせないために

発達障害のある子どもの中には，失敗経験が積み重なり，大人の指示に従えず叱責されてばかりいるうちに，劣等感をもち，自尊心が低くなってしまう子どもがいます。

そのような状態を二次障害といい，次のような状態に陥ってしまうことがあります。

・自己評価が低下する
・無気力，不安，情緒不安定，人間不信，うつ状態になる
・友達とトラブルが多くなる
・学校などの集団の中で孤立する
・反抗的，挑発的な行動をとる

子どもは，周囲の大人の接し方によって，他者に信頼感をもつことができたり，肯定的な自己イメージを保つことができたりします。子どもの近くにいる支援員は，常に肯定的に接し，二次障害を生じさせないような配慮が必要です。

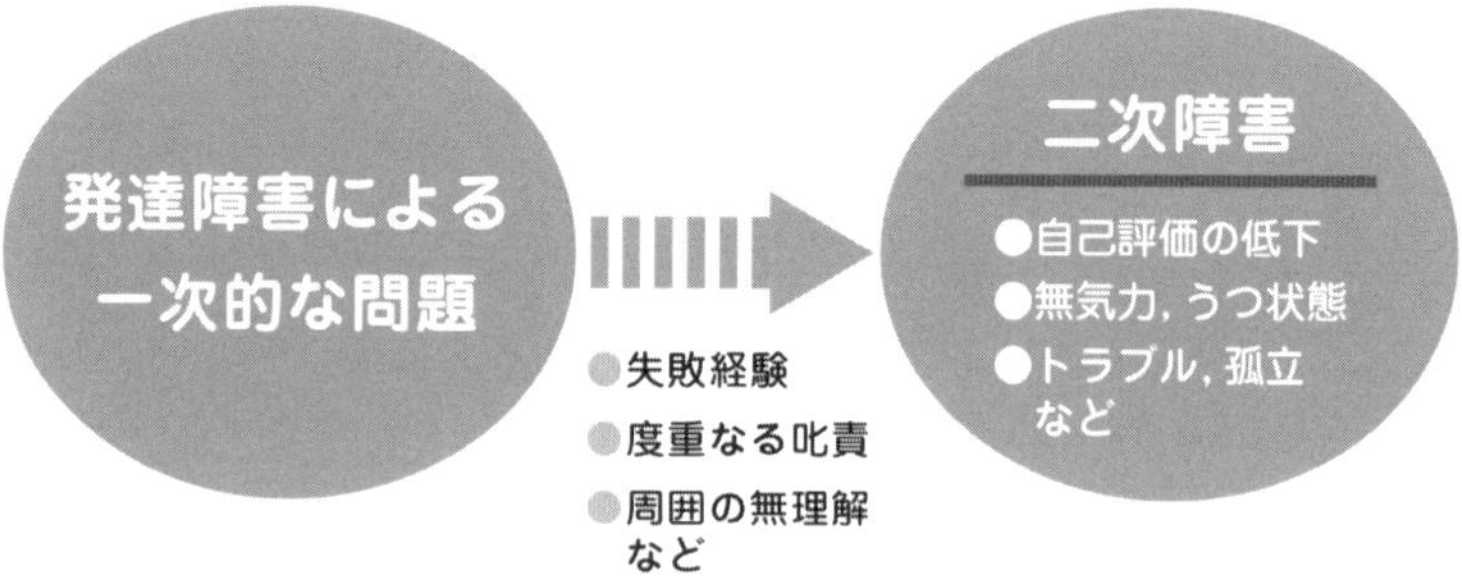
発達障害による一次的な問題
●失敗経験
●度重なる叱責
●周囲の無理解
など
二次障害
●自己評価の低下
●無気力，うつ状態
●トラブル，孤立
など

第3章

事例から学びましょう

事例 -1

学校生活に関すること

●全体指示で行動するのが難しい子どもの支援

子どもの様子をよく観察し，具体的な短い言葉で指示を伝えましょう。

あおいさんは、おっとりした雰囲気の小学1年生です。
次は国語の教科書とノートを出すよ先週のプリントも用意してね
はーい
ぽーっ
はい、みんな出したかな教科書を開いてください
あれ、あおいさん机の上に何もないよ

支援のPoint
なぜ先生の指示の通りに行動できないのか、観察しましょう。
窓の外に気を取られて聞いていないんだな……
先生が指示をする前に、注意を先生に向けるよう声を掛けましょう。
先生がお話するよ 手はひざに置いて 顔を先生に向けて 聞こうね
うん
聞き取れていない場合は、先生の指示を短い言葉で伝え直しましょう。
国語のプリントを机の上に出そう
あおいさんは、授業に参加できることが増えてきて、支援員が来る日を楽しみにしているようです。
あっ

解説

全体指示で行動するのが難しい子どもの支援

子どもの様子を観察する

学校では、先生からの指示で行動する場面が多くありますが、先生の指示通りに行動するのが苦手な子どもがいます。このような子どもは、周囲から注意されることが多くなりがちです。あまり注意されてばかりでは学校生活が楽しくなくなり、自己肯定感も低くなってしまいます。

支援員はまず、その子がなぜ指示通りに行動できないのか、子どもの様子をよく観察しましょう。「先生が話をしていることに気づいていない」「ほかのことに気を取られて話を聞けない」「聞いても具体的にどう行動すればいいかわからない」など、さまざまな理由が考えられると思います。

先生が話す前に声掛けを

このような子どもの支援に当たる際は、先生が指示をする「前」に、先生に注意を向けるように声掛けを行いましょう。話を聞く際には、話し手に顔や意識を向けることが必要です。子どもに対しては、「先生の目を見ようね」「手はひざに置こう」など、できるだけ具体的に伝えましょう。「ちゃんと聞こう」などあいまいな言葉で言われても、どうしたらよいかわかりません。なお、人の目を見て話を聞くのが苦手な子どももいます。そのような場合には、話を聞く姿勢にはあまりこだわらず、指示が理解できているかどうかを確認することが大切です。

それでも先生の話を聞き取れていなかったり、指示が複雑で理解できていない様子だったりした場合は、先生の指示を短い言葉で説明し直しましょう。聞くことよりも、視覚的な情報の方が理解しやすい子もいます。そのような場合は、指示をふせんやノートに短く書いて伝えるのもよいでしょう。

具体的な言葉を使う

子どもを注意するときに、「静かに！」「ちゃんとする！」などの言葉を使うことがありますが、このようなあいまいな言葉による指示では理解するのが難しい子どもがいます。

このような子どもの支援に当たる場合は、「鉛筆はしまおう」「手はおひざ、背中はぴん（と伸ばす）」など、具体的で子どもにわかりやすい言葉やジェスチャーを使いましょう。発達障害のある子どもへは、「〜しない」という指示よりも、「〜します」という指示の方が適しています。

また、その時間に関係ない道具を触ってしまって先生の話から注意がそれる場合には、その道具を支援員や先生が一時的に預かることで、話に集中する環境づくりをすることも有効です。その際は、「先生の説明が終わったら使えるよ」「昼休みに使っていいよ」など、いつだったらその道具を使えるのか、具体的に説明しましょう。見通しがあれば待てる場合があります。子どもがしたいことをしてよいときと、してはいけないときのめりはりをつけることが大切です。

●じっとしていることが苦手な子どもの支援

教室を飛び出してしまう子どもに対しては，慌てずに安全を確保しましょう。

しょうさんは、小学1年生です。
じっとしていることが苦手で、座っていても体のどこかが動いていることが多いです。
授業中でも、興味があると、席を立って見に行ってしまいます。
授業中に自分のしたいことができないと、怒ったり暴れたりします。
教室を飛び出してしまうこともあります。

支援のPoint

すべての行動を注意するのではなく、おおらかに見守る気持ちで接しましょう。
国語の時間だから本は昼休みまで預かっておくね
教室を出てしまって追いかけるときには、慌てずに行動しましょう。目を離さず、安全を確保することが大切です。
次はしょうさんが好きな体育だから戻ろう
待つのが苦手な場合は、先生と相談して環境を工夫するのもよいでしょう。
落ち着く場所で休憩して待つ
最初のグループに入るようにする
ほめる声掛けを増やすことで、座っていられる時間が増えてきました。
今日は、とてもていねいに字を書いていてすばらしいね

解説

じっとしていることが苦手な子どもの支援

注意してばかりでは逆効果

同じ場所でじっとしていることが苦手な子どもがいます。このような子どもは、授業中にすぐ立ち歩いたり友達にちょっかいを出したりするので、先生から注意されることが多くなりがちです。注意されてばかりでは改善せず、自己肯定感も低くなることがあります。

学年が上がるにつれて少しずつ落ち着きが出てくることが多いので、おおらかな気持ちで見守りましょう。先生に相談しながら、注意されることが少なくなるような環境づくりをすることも大切です。

飛び出しには落ち着いて対応する

体が常に動いていたり、立ち上がったりすることが多いと、とっさに支援員が手で子どもを押さえたくなるような場面があるかもしれません。道路に飛び出すなど、安全管理上、手を使って止めることが必要な場合もあります。しかし、教室を飛び出した子どもを支援員が力づくで止めたり、焦って追いかけたりすると、追いかけっこになって余計に興奮してしまいます。また、体に触られることが苦手な子どももいて、体を押さえるような支援は適さないことが多くあります。その場合、体に触れて行動を止めるのではなく、「次は○○さんの好きな音楽だから教室に戻ろう」などの声掛けを行いましょう。それでも校内のどこかへ行ってしまう場合は、子どもの行き先を確認し、落ち着くまで見守りましょう。落ち着いたら教室に戻るようにうながします。

教室からの飛び出しが多い子どもの場合、対応方法を担任の先生に確認しておきましょう。「校内のどこまでだったら行ってもよいか」「支援員が教室を出るときの合図」「教室外で困ったときの連絡方法」など、想定される事態への対応を事前に確認しておきましょう。

発達段階に応じて環境を整える

待つことが苦手な子どもに対しては、待たせる場面を少なくするような環境づくりも有効です。たとえば、運動会で自分の順番を待てない子どもに対しては、先生と相談して、待ち時間が少ない最初のグループに入れてもらうことなどが考えられます。競技後に列に戻ることが難しければ、校庭の隅で休憩しながら待つのもよいでしょう。学年が上がるにつれて、待たなければならない理由を理解し、待てるようになることがあります。それまでは先生と相談し、環境を整えることを検討しましょう。

また、ほめるときには、「まちがえないように気をつけて計算をしていてとてもいいね」など、具体的に行動をほめ、子どもに伝わりやすい言葉や動作を心掛けましょう。

●おしゃべりが多い子どもの支援

事例 -3
学校生活に関すること

場の状況によってめりはりをつけられるように，子どもと約束しましょう。

ゆうきさんは、小学2年生です。電車が大好きです。
どこの駅から来たの？
授業中でも構わず、おしゃべりが止まりません。
学校の近くの駅から来たの？
しーっ
ゆうきさん、今は算数の時間だよ
友達にも話しかけてしまいます。
……
日曜日に電車に乗ったよ
とうとう、先生から注意されてしまいました。
ゆうきさん、授業中に話してはだめですよ

支援のPoint
話をしていい時間を決めて、子どもと約束しましょう。
次の休み時間に電車のお話聞くからね　今は計算しようね
うん
支援員が近くにいると話してしまう場合は、少し離れて見守るのもよいでしょう。
話してもいいと決めた時間には、じっくり話を聞きましょう。
○○系と□□系の新幹線はね……
へえ、知らなかったなあ　くわしいね
ゆうきさんは、授業中のおしゃべりをがまんできることが増えてきました。
イイネ！

解説

おしゃべりが多い子どもの支援

話したい気持ちをコントロールできるように

授業中でもほかの時間でも、相手の状況に構わずにおしゃべりを続けてしまう子どもがいます。特に支援員のような近くにいる大人に対しては、話を聞いてくれるのがうれしくてしゃべり続けてしまい、先生から注意されるといった場面もあるのではないでしょうか。

子どもにとって、たくさん話をするのは悪いことではありません。しかし、場の状況によっておしゃべりをやめる判断を自分でできるようになったり、話したい気持ちをコントロールできるようになったりするための支援が必要です。

めりはりをつける

このような子どもに対しては、場の状況に応じて、めりはりをつけておしゃべりができるような支援を考えましょう。「次の休み時間に話を聞くね」「この授業が終わったらお話ししよう」「放課後の5分間は話を聞くね」など、支援員と思いきりおしゃべりする時間があることを、子どもと約束しましょう。どの時間にするかを子どもが決められるようになると、なおよいでしょう。

そして、決めた時間にはたっぷり子どもの話を聞いてあげましょう。本人の話をまとめて「○○がおもしろいんだね」などと、話の内容をフィードバックしながら聞くと、子どもは話を聞いてもらったという満足感を感じやすいです。また、子どもの興味があるものに対して支援員が興味をもつことは、信頼関係の構築にもつながります。そのような時間があることで、授業中など話してはいけない時間に、話をがまんすることができるようになっていきます。

それでも、支援員に対してのおしゃべりがやめられない場合は、さりげなくその場を離れ、物理的に話をしにくくすることも有効です。

周囲とのトラブルに発展したときは

自分の興味があることを口にするだけでなく、思ったことをそのまま口にしてしまう子どももいます。自分の発言で相手がいやな気持ちになったり、場の状況に合っていなかったりすることに気がついていないケースがあるため、トラブルに発展しがちです。

たとえば、友達に対する悪口を言ってしまったことがもとでトラブルが起きた場合は、悪口を言ったことで相手がいやな思いをしているということを子どもに伝えましょう。その上で本人の言い分があれば聞き、悪口を言ったことを友達に謝ったほうがよいということを本人が納得するように話し合いましょう。

トラブルに発展した場合、支援員だけでは対応が難しいことがあります。一人で解決しようとせず、先生と協力することが大切です。

●学習に集中できない子どもの支援

環境を整えながら，学習に興味をもてるような声掛けをしましょう。

かずさんは、小学４年生です。
読書が大好きです。
好きな物語の世界に入り込んでしまうと、
空想の世界から出てこられません。
こい　こうしてやる
ぶつぶつ
かずさん
かずさん
かずさん、
次は算数だよ
先生からも注意されてしまいました。
かずさん、
本はしまい
ましょう

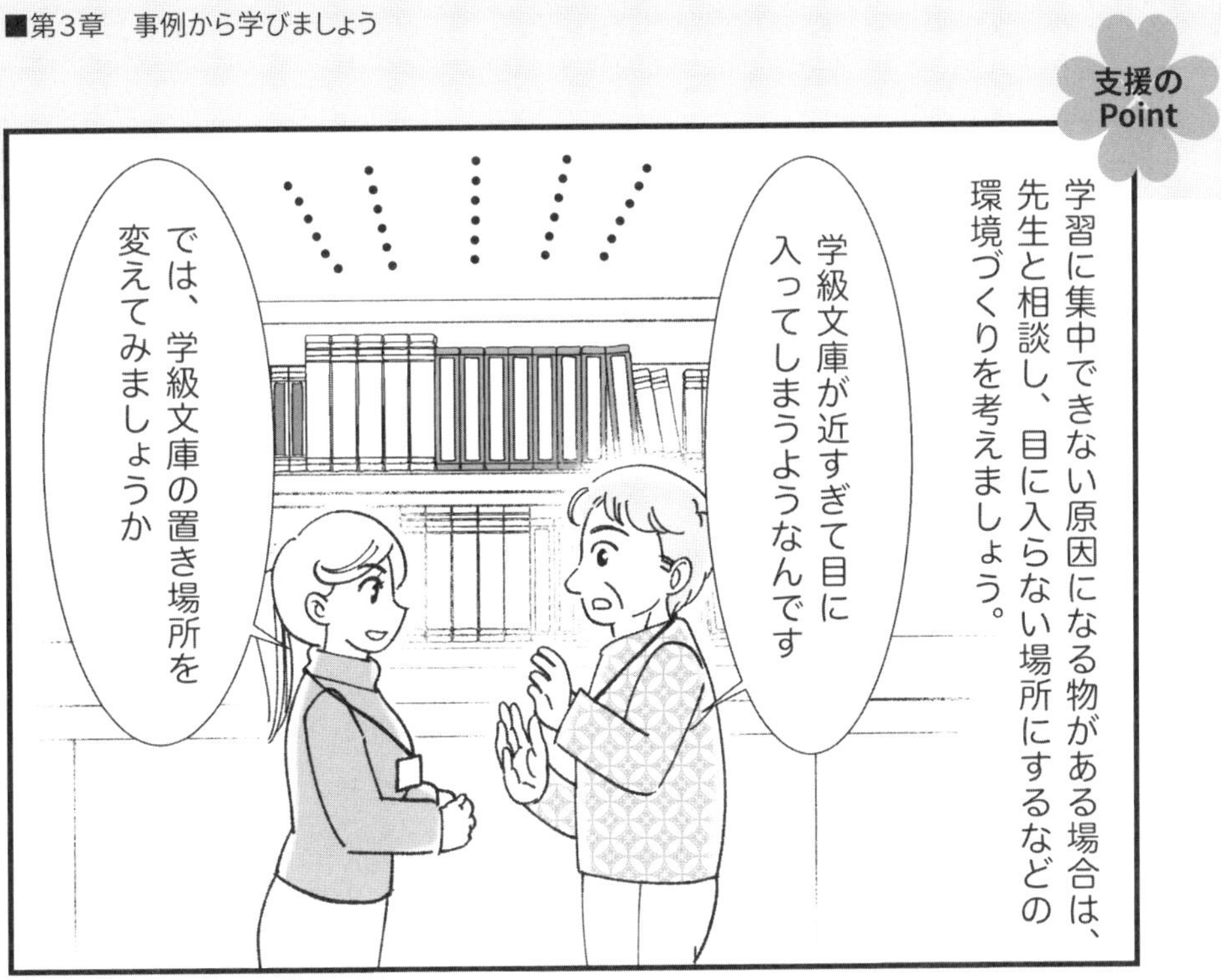
支援のPoint
学習に集中できない原因になる物がある場合は、先生と相談し、目に入らない場所にするなどの環境づくりを考えましょう。
学級文庫が近すぎて目に入ってしまうようなんです
では、学級文庫の置き場所を変えてみましょうか

また、かずさん本人と相談し、休み時間以外は、本を担任の先生に預けることにしました。
先生、預かってください

興味のある学習に誘う声掛けも増やすことで、学習に集中できる時間が増えてきました。

解説

学習に集中できない子どもの支援

環境を整える

お気に入りの物語や空想の世界に入り込むと過度に集中してしまい、学習に向かえない子どもがいます。このような子が空想の世界に入り込んでしまうと、先生や周りの人からの声掛けも聞こえなくなり、注意されてしまいがちです。

空想の世界に入ってしまうきっかけとなる物があるのであれば、授業中に目に入らないような環境づくりを考えましょう。たとえば、お気に入りの本がきっかけで物語の世界に入ってしまう子どもであれば、本を見えない場所にしまう、授業中は先生に預かってもらうなどの対応が考えられます。

また、どのような場面で空想の世界に入り込んでしまうのか、子どもの様子を観察しましょう。その子にとって難しい課題や興味がもてない課題があるときに、それを避けるようにして空想の世界に入ってしまうことがあります。このような場合は、難しい課題はできることから取り組めるよう支援したり、興味をもてるような声掛けを行ったりするなど、空想の世界に入り込んでしまう前に授業に興味をもたせる工夫をしましょう。無理に空想の世界から引っ張り出すのではなく、環境を整えながら学習に向かわせる支援を心掛けることが大切です。

苦手なことを理解する

授業中には、先生の話を聞いたり、友達の発表を聞いたりと、人に注意を集中しなくてはならない場面がたくさんあります。しかし、さまざまな理由でそれが難しい子どもがいます。

たとえば、話をしている人の方に顔を向けたり、話している人を見つめたりすることが苦手な子どもがいます。そのような子どもは、同時に二つ以上のことをすることが苦手で、人を見つめると話の内容を理解しながら聞くことができないといった場合があります。聞いていないように見えても聞いているので、うるさく話し手の方を向くように注意すると混乱してしまい、かえって話を理解できなくなってしまいます。

支援員は、その子の苦手なことやできることを理解し、見た目のふるまいだけにこだわらず、柔軟に支援することが大切です。

学習性無力感

このような例以外にも、学習の難易度が高く、理解が難しいために集中できない子どももいます。特に、高学年になるにつれてわからないことが増え、学習に向かってもどうせできないからやっても仕方がないとあきらめてしまう「学習性無力感」とよばれる状態に陥っている場合もあります。

このような場合、支援員が励ますだけではなかなか改善しません。先生に相談し、その子が無理なくがんばれる学習課題を用意するなどの対応が必要となります。

●こだわりが強い子どもの支援

事例 -5
学校生活に関すること

変化に無理やり対応させるのではなく，変化が苦手な気持ちに寄り添いましょう。

支援の
Point

無理に変更に対応させようとするのではなく、変化が苦手な気持ちに寄り添いましょう。
急な変更でびっくりしたね
着替えなくてもいいから校庭に出てみる？教室で待ってる？
支援員は、先生と相談して、ゆうたさんと教室で待っていることにしました。
いい天気だね
3時間目が終わるころには、ゆうたさんの気持ちも落ち着いてきたようです。
また明日の練習に参加しようね
うん

解説

こだわりが強い子どもの支援

こだわりが強い子ども

決まった予定が変更になると不安になってしまう、物の位置や順序にこだわる、特定の知識にこだわるなど、こだわりが強い子どもがいます。こだわる内容はさまざまですが、いずれも決まったパターンが崩れると不安になり、無理やり取り組ませるとパニックになってしまうこともあります。

学年が上がり、経験が増えるにつれて変化に対応できるようになっていくこともあるので、無理やり取り組ませるのではなく、できる範囲で対応させるような配慮が必要です。

予定の急な変更が苦手な子ども

予定の急な変更が苦手な子どもがいます。支援員が事前に変更について知っていたら、子どもに伝えておくことも大切です。「今日の3時間目は音楽じゃなくて体育に変更になるんだよ。運動会のダンスの練習をするよ。一緒に校庭に行こうね」など、具体的な変更の内容を伝え、心の準備ができるようにしましょう。耳からの情報よりも目からの情報の方が入りやすい子どもであれば、言葉で伝えるだけでなく、紙に書いて見せるなど、視覚的に伝えるのもよいでしょう。

物の位置や順序にこだわる子ども

机の上の教科書やノートの位置を一定にしたり、筆箱の中身の位置を一定にしたりなど、並べ方や順序にこだわりのある子どもがいます。定まった位置、定まった順番であることに安心するのです。ときには、そのこだわりのために、集団行動に遅れてしまうことがあるかもしれません。しかし、そこでこだわりを無視して無理に急がせると、パニックになってしまうことがあります。支援員は、ただ急がせるのではなく、見守る姿勢が大切です。どこまで待ってどこから支援員が手伝うか、先生に確認しておくとよいでしょう。

特定の知識にこだわる子ども

乗り物、アニメのキャラクターなど、特定の知識が豊富で、そのことばかり話してしまう子どもがいます。支援員は子どもの興味関心に寄り添うことも大切ですが、授業中など話をするのがふさわしくない場面で話してしまう場合は、「休み時間に話そうね」など、場面に応じて話をする時間としない時間のめりはりをつけるようにしましょう。その分、休み時間にはじっくり話を聞いてあげましょう。

また、こだわりのある好きな物が目に入ってしまうと、こだわりから抜け出せなくなることがあります。話してはいけない場面では、見えない場所にしまうなどの配慮も必要です。

事例 -6

学校生活に関すること

●聞き落としや見落としが多い子どもの支援

先生からの指示を個別に伝え直したり，視覚的な情報に置き換えたりしましょう。

かなさんは、元気な小学2年生です。
今配ったプリントの二つめのふきだしに入る言葉を書きましょう
はーい
?
かなさんは、先生の話を一生懸命聞いているのですが、指示と違うことをしてしまいがちです。
あれ、かなさん書くところが違うよ
あれ?
提出物の名前欄に名前を書くのを忘れたり、途中までしか書かなかったりすることもあります。
かなさん名前書いてないよ
あ、忘れちゃった

支援のPoint

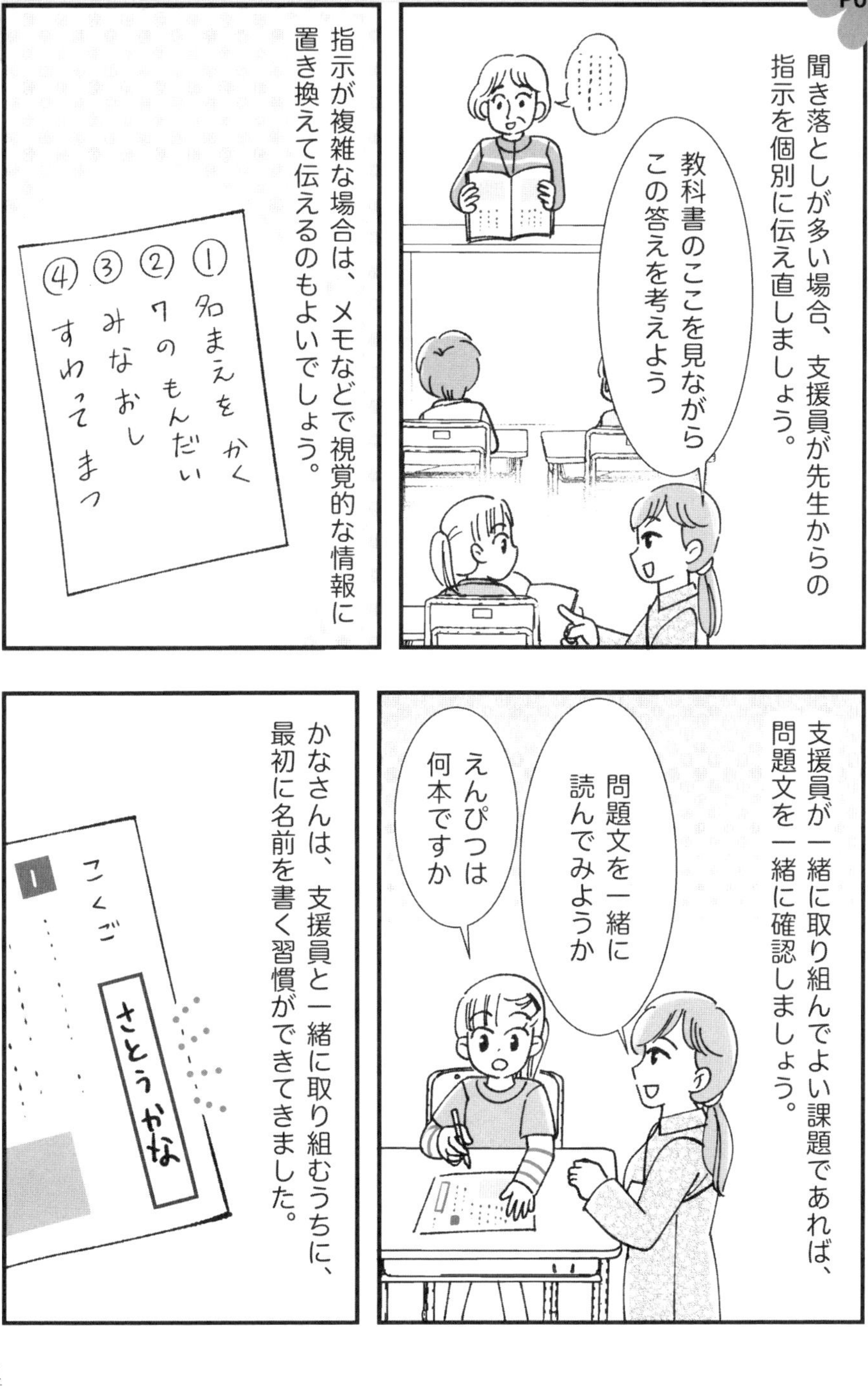
聞き落としが多い場合、支援員が先生からの指示を個別に伝え直しましょう。
教科書のここを見ながらこの答えを考えよう
指示が複雑な場合は、メモなどで視覚的な情報に置き換えて伝えるのもよいでしょう。
①名まえをかく
②7のもんだい
③みなおし
④すわってまつ
支援員が一緒に取り組んでよい課題であれば、問題文を一緒に確認しましょう。
問題文を一緒に読んでみようか
えんぴつは何本ですか
かなさんは、支援員と一緒に取り組むうちに、最初に名前を書く習慣ができてきました。
1
こくご
さとうかな

解説

聞き落としや見落としが多い子どもの支援

少しずつ自立を目指し、行動の習慣づけを

話の一部分だけを聞いて誤解したまま行動してしまったり、話の一部を聞き漏らし、指示通りの行動ができなかったりする子どもがいます。指示通りの行動ができないと、先生や周囲から注意されてしまいがちです。

指示通りにできないからといって、話を聞いていないとは限りません。一生懸命に聞いていても聞き落としてしまったり、早合点してしまったりする場合があります。このような子どもに「ちゃんと話を聞きましょう」と言うだけでは改善は望めません。

低学年のうちは、支援員が一緒に先生からの指示を聞いて、その子にわかりやすい方法で個別に伝え直すとよいでしょう。伝えるときには、大事なポイントを口頭で短く伝えるだけでなく、ふせんやノートを使い、文字や絵にして視覚的に伝えるなどの方法が考えられます。

また、ドリルやプリントなどの教材に取り組む際は、指示文を一緒に読んで、大事なところに線を引いたり、終わってから見落としがないか見直すようにうながしたりすることも有効です。

学年が上がるにつれて、支援員がいなくても自分で確認できるよう意識して支援しましょう。持ち物は自分でメモを取る、提出物には最初に名前を書くなどの行動を少しずつ習慣づけていくことが大

切です。

忘れ物が多い子どもには

聞き落としに加え、忘れ物が多い子どもがいます。本人としてはまじめに準備をしたつもりでも、どうしても忘れ物がなくならない子どもに対して、忘れたことをきつく注意したり、今後忘れないように約束したりしても、忘れ物を少なくする効果はあまりありません。

忘れ物を少なくするための工夫として、連絡帳やノートに持ち物をメモする、教室を移動する前には支援員と一緒に荷物を確認するなどが考えられます。メモしたり確認したりする習慣づけができるように支援しましょう。どんな工夫をしたら忘れ物を少なくすることができるか、子どもと一緒に考えてみるのもよいでしょう。

また、忘れ物が多い子どもの支援では、忘れ物をしたときの対処方法を子どもが自分で考えられるようにすることが大切です。「◯◯を忘れました。どうしたらいいですか」と先生に相談する、隣の席の子に「教科書を見せて」とお願いするなど、適切な対処方法は忘れ物の内容によって異なります。最初は支援員と一緒に練習するとよいでしょう。

忘れ物の対処方法や、学校に置いて帰ってよいものは、学校や学級のルールによって異なります。あらかじめ担任の先生にルールを確認しておきましょう。

●グループでの活動が苦手な子どもの支援

事例 -7
学校生活に関すること

社会性の発達を待ち，見守ることも支援のひとつです。

まさきさんは、小学3年生です。一人で本を読んだりゲームをしたりするのが好きです。
友達とペアで行う活動は苦手なようです。
二人で一組になってボール投げをするよ
はーい
……
休み時間は、一人で過ごすことが多いです。
わい わい
支援員は、友達と遊ばないまさきさんを心配していました。
みんなと一緒に遊ばない？
ううん、いいの

支援の
Point

子どもが困っていないようであれば、見守ることも支援になります。
外で遊んでるみんなを見るのが楽しそうだな
授業中のペアでの活動は、学習に支障がないように、支援員が一緒に行いました。
ぼくと組もうか
いいよ
まさきさんは、大勢が集まる場面では、支援員がいると安心するようです。
わいわい
そんなまさきさんですが、学年が上がるにつれて友達との交流も増えてきました。
外で遊ぼうよ
いいよ

解説

グループでの活動が苦手な子どもの支援

社会性の発達に合わせた支援を

友達と遊んだり、一緒に何かをしたりといった、人との関わりが苦手な子どもがいます。学校では、グループで学習したり遊んだりする活動がたくさんあるので、子どもが一人でいると、仲間はずれになっているのではないかと心配になるかもしれません。しかし、社会性の発達がゆっくりな子どもに対し、無理に友達との関わりを強要しても、形式的な参加になってしまい、本人にとって苦痛な場合があります。

本人の様子を観察し、一人でいても困ったりさみしがったりしていないようであれば、成長を見守ることも支援のひとつです。子どもが支援員と一緒にいるのもいやがるようであれば、少し離れて見守りましょう。

支援員自身が、日ごろから学級のほかの子どもたちとコミュニケーションをとり、信頼関係を築いておけば、支援対象の子どもが友達との関わりを求めるような様子が見られたときに、スムーズに周囲の子どもとの関係をつなぐことができるでしょう。学級の子どもたちとの信頼関係づくりも、間接的な支援になるといえます。

グループの話し合い活動での支援

グループ学習などでの話し合いや、複数人での雑談に入れない子どももいます。大人同士の話し合いでも言えることですが、複数の人が次々に話すような場面では、話の流れを追ったり、いろいろな人の異なる意見を理解した上で発言したりといった、高度なコミュニケーション力が必要です。ましてや、騒がしい教室の中で集中して話を理解するのは大変なこともあるでしょう。そういったグループ活動では、支援員はどのような支援を行うことができるでしょうか。

支援員は、グループの一参加者になるのではなく、黒子のようなつなぎ役として、支援対象児にグループのほかの子どもの意見を伝えたり、支援対象児の意見をグループに伝えたりといったことを行いましょう。意見をまとめて何かを決めるような場面では、いくつかの選択肢を作って、支援対象児に選ばせるのもよいでしょう。

話し合い活動自体が子どもたちにとっては大切な学習です。子ども同士での話し合いがうまく進行していなかったとしても、支援員があまり介入しないように気をつけましょう。子どもたちの話し合いの輪の中に自然に入るためには、日ごろから周囲の子どもとコミュニケーションできるような関係を築いておく必要があります。

●友達がいやがることを言う子どもの支援

事例 -8
コミュニケーションに関すること

落ち着くまで待ち，自分の言動を振り返らせましょう。

れんさんは、元気な小学4年生です。サッカーが好きです。
ある日、体育の授業でポートボールの試合がありました。
ぜったい、勝つぞ！
わっ
何してんだよ！
ちゃんと取れよ！バカっ！
れんさんに責められたクラスの友達は、泣きだしてしまいました。
れんくん、ひどい
あいつが悪いんだ

支援のPoint
興奮がおさまらない場合は、いったんその場を離れましょう。
れんさん、一回コートから出よう
あのバカ
落ち着くまで、前向きな言葉掛けをしながら待ちます。
深呼吸しようか
落ち着いたら、また試合に戻れるよ
学級の子どもに対しても、支援対象児の気持ちを説明したり、気持ちのフォローができるとよいでしょう。
勝ちたい気持ちが強くてひどいことを言ってしまったみたいだよ
いやな気持ちにさせちゃったね
落ち着いたれんさんは、先生や支援員と話をし、自分の発言を友達に謝りました。
ごめんなさい
もういいよ

解説

友達がいやがることを言う子どもの支援

落ち着いてから行動を振り返らせる

気持ちが落ち着いているときには、友達を傷つけるようなことを言ってはいけないと理解していても、興奮すると我を忘れ、言ってはいけないことを口にしてしまう子どもがいます。

興奮の程度によりますが、興奮状態にあるときに支援員や周囲の人が何か言っても耳に入りません。まずはその場からいったん離して、落ち着くのを待ちましょう。そして、落ち着いてから、自分の行動を振り返らせ、次からはどうしたらいいのか適切な行動の約束をしましょう。

また、周囲の子どものフォローも行えるとよいでしょう。支援員が周囲の子どもと支援対象児をつなぐことで、支援対象児が学級で過ごしやすくなることがあります。これも間接的な支援といえます。

支援員が介入しても聞かない場合は

興奮して暴言が止まらなかったり、思いついたことをそのまま発言してトラブルになったりしてしまう子どもは、自分なりのルールや正義感で行動しており、支援員が友達に謝るようにうながしても聞く耳をもたない場合があります。

そのようなときは、支援員一人で解決しようとせず、先生に報告したり、周囲の大人と情報を共有したりすることが大切です。支援員の声掛けを聞かない場合でも、先生に言われると冷静になり、素直に謝ることができる場合もあります。これは、先生と支援員の立場が違うことを子どもなりに理解していて起こることです。支援員に指導力がないということではないので、先生と協力して支援をしていくことが大切です。

口調が強い子どもには

高学年で正義感が強いタイプに多いのですが、学級の友達に対して、先生や保護者のような口調で強く注意してしまう子どもがいます。友達がふざけていると許せず、「静かにしなさい」「それは学校のルール違反だから先生に言うよ」などと大人のように発言してしまいます。このような子は、友達に煙たがられていても、自分の言っていることが正しいと思っているので意に介さず、学年が上がるにつれて周囲から距離を置かれてしまいがちです。

このような子どもの支援を行う際は、子どもが安心して支援員に心の内を話すことができる関係性づくりが大切になります。支援員が友達関係や話し方についてアドバイスできるような間柄になっていけるとよいでしょう。

思春期を迎えると、子ども同士の関係やコミュニケーションも複雑になります。支援員が子どもの近くで気持ちに寄り添うことで、学校に安心して通うための居場所のひとつになれるとよいでしょう。

事例-9
コミュニケーションに関すること

●暴言を吐いてしまう子どもの支援

暴言に隠された気持ちを理解し，感情表現を広げるような支援を。

たいちさんは、小学6年生です。
最近、大人から注意されるのをいやがります。
学年が上がるにつれて、先生や支援員への反発が増えてきました。
席に座りなさい
死ね！ばばあ！
低学年のころは、周囲の人に手が出てしまうことも多かったのですが、今は暴力はがまんできています。
ちくしょう
しかしその分、おさえきれない気持ちが、暴言として出てきているようです。
音楽室に行くよ
うぜえんだよ！

支援のPoint

支援員は、たいちさんの成長や変化を知っているので、頭ごなしに注意はせず、気持ちをコントロールする様子を見守っています。
廊下でクールダウンしようか
たいちさんは、「〜してはだめ」という言葉に反発するので「〜してください」という言葉を使うようにしています。
「死ね」という言葉ではなく、気持ちを言ってください
支援員は、たいちさんが落ち着いている状態のときに、たくさんほめるようにしています。
今日は算数のノートをていねいに書いているね！
注意の回数を減らし、ほめる場面を増やすことで暴言は徐々に減ってきています。
給食、カレーだよ
やった

解説

暴言を吐いてしまう子どもの支援

暴言に至るきっかけを少なくする

怒りの感情がわいたときに、感情をコントロールできず暴言を吐いてしまう子どもがいます。言葉の暴力に周囲も傷つきますし、言っている本人も冷静になったときに自分を振り返り、暴言を吐いてしまう自分にイライラしたり、自分をダメだと思って落ち込んだりしていることがあります。

このような子どもに対し、頭ごなしに叱ったり注意したりしても効果はありません。どんな場面で暴言を吐いてしまうのか観察し、できるだけ暴言に至るきっかけを少なくするよう心掛け、暴言のサインが見られたら事前に話を聞くなどして防げるとよいでしょう。

暴力や暴言が激しい子どもについては、学校としてもこれまでの経緯をふまえた対応方針があると思います。支援に入る際は、事前に基本的な対応方針を確認しておきましょう。

暴言に代わる表現を教える

言葉による感情の表現の仕方がわからずに、知っている語彙で暴言を吐いてしまう場合もあります。たとえば、いやな気持ちになると相手に「死ね」という言葉を言ってしまう子どもには、「死ねという言葉は人をとても傷つける」ということを伝えた上で、「いやだからやめて」「悲しい」など、自分の気持ちを適切な言葉で表せるように、言葉による表現の幅を広げていきましょう。そのような支援のためには、暴言に隠された子どもの感情を理解する必要があります。

また、高学年で、冷静なときには自分の行動を振り返ることができるのであれば、「気持ちがおさえられなくなったら廊下に出てクールダウンする」「支援員に合図して一緒に運動場に出る」など、少しずつでも自分の気持ちをコントロールできるように約束事を決めておくという支援も考えられます。自分の気持ちを数値で表して表現するような方法を、保健室や特別支援学級で実践している場合もあります。先生方に支援方法を確認しましょう。

よい状態のときにほめる

このような子どもは、よくない状態のときに注意されることが多くなりがちです。しかし、支援員は、よい状態のときこそ「今日は落ち着いていていいね」「◯◯をがんばっていてえらいね」のようなほめる声掛けをたくさん行いましょう。よい状態のときにほめられることで、その状態が強化されていきます。日ごろから子どもの様子をよく見て、問題行動だけでなく、できていることをほめることが大切です。

ただし、特に高学年の子どもの場合、支援員からほめられるのをいやがる子どももいるかもしれません。そのような場合には、学級のほかの子どもをほめたりコミュニケーションを取ったりすることで、支援対象児だけに声掛けしているのではないことを示すなど、本人の抵抗感をやわらげる対応が必要な場合もあります。

●他害行為のある子どもの支援（低学年）

事例 -10
コミュニケーションに関すること

日ごろから子どもをよく観察し，できるだけ事前に他害を防ぎましょう。

たろうさんは、小学2年生です。
行事の練習がある時期が苦手です。
いつもと違うことが多く、待つ時間も
長いからです。
学芸会の練習のため
時間割が変わりますよ
はーい
ある日、行事前で学級がざわざわしている中、
後ろの席の子がちょっかいを出してきました。
たろうちゃん
こっち向いて〜
ツンツン
練習で疲れてイライラしていたたろうさんは、
カッとして友達の顔を引っかいてしまいました。
いたっ
ガタ

支援のPoint

日ごろから子どもの気持ちや状態に目を向けておきましょう。
学芸会の練習で疲れてイライラしているみたい
トラブルになりやすい場面や友達との関わりを、注意して見守りましょう。
見せて
トラブルに発展するかも……
危なそうなときは、支援員が近くにいて、他害行為を防げるように間に入りましょう。
じゃんけんしようか
イライラしてきたら、クールダウンに誘ったり、気分転換させたりするのもよいでしょう。
ちょっと廊下で深呼吸しようか
うん

解説

他害行為のある子どもの支援（低学年）

できるだけ未然に防ぐ

友達や周囲の大人に手が出て、相手を傷つけてしまう子どもがいます（他害といいます）。人にけがをさせたり、周囲の子どもとの友達関係がうまくいかなくなったりすることにつながるので、注意が必要です。

他害行為のある子どもも、冷静なときには人に手を出してはいけないことを理解していることが多いです。そのため、子どもが興奮しているときに他害を注意するだけでは、解決や防止につながりません。支援員は、どんな状態や場面で興奮してしまうのか、誰との間でトラブルが起きやすいのか、日ごろから観察しておくことが大切です。手を出してしまう理由、原因は何でしょうか。何をしているときに手が出やすいでしょうか。よく観察しながら、できるだけ他害を未然に防げるように見守りましょう。

発達障害のある子どもは、急な変更や待つことが苦手な場合があります。行事前などは、変更に対応するだけで精一杯で気持ちに余裕がなくなっているかもしれません。支援員は、子どものイライラした気持ちや不安な気持ちに寄り添い、暴力以外のイライラの解消法を子どもと一緒に見つけていくことが大切です。

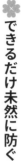

他害を行ってしまったら

支援員がいる場面で友達に手が出てしまった場合は、まず間に入り、それ以上被害が広がらないようにその場を離れさせましょう。

行動を止める際は、子どもの体を押さえたり子どもの体をつかんだりせず、支援員が子どもの間に入り、物理的に両者を引き離せるとよいでしょう。支援員が焦って無理に子どもの体を押さえつけると、子どもの方も興奮し、不安になって支援員に手が出てしまうことがあるので、十分に注意してください。支援員がかまれたり引っかかれたりすることを防止するために、厚めの長袖シャツ（暑い季節はアームカバー等）を着ておくなど、他害に備える必要がある場合もあります。

先生や周囲の大人と協力する

他害行為のある子どもを支援する場合は、支援員一人で対応しようとせず、先生や周囲の大人にもこまめに報告し協力して対応しましょう。低学年の場合、学級のほかの子にも手が必要なため、担任の先生に余裕がなく、支援対象児と支援員が一対一の関係になりがちな場合があります。しかし、他害は、支援員がその場を収束させるだけでは解決しません。一人で抱え込まないようにしましょう。

●他害行為のある子どもの支援（高学年）

事例 -11
コミュニケーションに関すること

トラブルが起きやすい場面を把握し，冷静に対応しましょう。

こうさんは、小学5年生です。
ある日の理科の時間のこと……
今日は実験です
まだ実験器具を
触っちゃだめだよ
あっ！
あ～あ、
まだ触ったら
だめなのに
何やってんの？
こうさんは怒って、友達につかみかかってしまいました。
先生と支援員は、こうさんと友達の間に入って止めました。

支援のPoint

まずは、トラブルが大きくならないように、その場から離れて落ち着かせましょう。
廊下に出ようか
少し落ち着いてから、支援員はこうさんの気持ちを聞きました。
あんな言い方しなくてもいいのに……
そうだね
気持ちが落ち着いてから、先生と話し合ったこうさんは、友達に謝りに行きました。
ごめんなさい
おれも言い方悪かったよ
この後、支援員は、特別教室での授業など興奮しやすい場面では、特に気をつけて見守っています。
教室の後ろで落ち着こうか

解説

他害行為のある子どもの支援（高学年）

落ち着くまで冷静に対応を

高学年でも他害行為をする子どもがいます。力も強くなってくるので注意が必要です。このような子どもは、言葉で気持ちを伝えることが苦手で、ちょっとしたきっかけで急に手が出てしまいがちです。学年が上がるにつれて心の動きが複雑になってくるため、なかなか支援員に心の内を見せないかもしれませんが、子どもの心の動きを観察しながら冷静な対応を心掛けましょう。

支援員がいる場面で友達に手が出てしまった場合は、まず間に入り、それ以上被害が広がらないようにその場を離れさせましょう。支援員一人では難しい場合は、ほかの先生や大人にも応援を頼みましょう。そして、いったん静かな場所に移動するなどしてクールダウンさせます。興奮状態では周囲の言葉が耳に入らないことが多いので、あまり語り掛けすぎることなく、背中をさする、手を握る、少し離れて見守るなどしながら落ち着くまで待ちましょう。

落ち着いてから、どんな気持ちで手が出てしまったのか、本人の話を聞きましょう。その際にいけないことはいけないと伝えることは必要ですが、一方的に叱っても行動は変わりません。「悪いことをしたな」と本人が思ったときをとらえ、自分の行動を振り返らせ、今後どうしたら気持ちをコントロールできるようになるか、一緒に考えられるとよいでしょう。

トラブルを招かない環境づくり

日ごろの様子を観察することにより、どのような場面でトラブルが多く起きるのかがわかってきます。手が出てしまいそうな場面を事前に予測し、危ないと思ったら教室から出てクールダウンさせる、周囲の子どもと引き離すなどの対応を行うことも大切です。

特定の友達とトラブルになる場合は、席を離す、グループを一緒にしないなどの対策も考えられます。トラブルを防ぐための対応や環境づくりについて、担任の先生に確認しておきましょう。

周囲のフォローと支援員の安全確保

トラブルが重なると、友達関係がうまくいかなくなることがあります。支援対象の子どもと周囲の子どもとの関係をつなぐことも、支援員の大切な役割です。トラブルが起きたら、あとで相手の子どもの気持ちを聞いて支援対象の子どもに伝えるなど、上手にフォローできるとよいでしょう。

また、支援員に対して他害行為を行ってしまう子どももいます。支援員にけがをさせてしまうことで、子どもの心が傷つく場合もあります。危ないなと思ったら身をかわし、自分の安全も確保しましょう。その上で、いけないことはいけないと伝えながら、子どもの味方になって子どもとの信頼関係を築いていきましょう。粘り強い対応が求められます。

●表情がとぼしい子どもの支援

まずは周囲の大人が本人の気持ちを理解しましょう。

事例 -12
コミュニケーションに関すること

ひろさんは、小学6年生です。いつも笑っていて、ほかの表情をしていることがあまりありません。
笑顔以外の表情ができない様子です。
友達がふざけていやなことをしてきても笑い顔のままなので、友達はひろさんのいやな気持ちに気づいていないようです。
わっ
当たっちゃった
ひろさん、大丈夫？
うん……

支援のPoint
子どもをよく観察し、表情に表れない気持ちをくみ取りましょう。
やめてよって言ってみようよ
いや、いい
そう？ じゃあいいけどいやだったよね
……
その後、ひろさんは中学生になりましたが、表情がとぼしいところはあまり変わりません。
思春期になって余計にそっけなくなってきましたが、いやなときには「やめてよ」と言えるようになってきたようです。
痛いからやめてくれよ
あ、ごめん

解説

表情がとぼしい子どもの支援

表情によるコミュニケーション

私たちは、笑ったり泣いたり怒ったりといった顔の表情を通して、人とコミュニケーションをとっています。しかし、発達障害のある子どもの中には、喜怒哀楽の表情にとぼしく、いつも一定の表情の子がいます。いつも無表情な子もいれば、いつも笑い顔な子もいます。

また、自分の表情がとぼしいだけでなく、相手の表情を読み取ることが苦手な場合があります。たとえば、相手が怒った顔をしていても、怒っているという感情を読み取るのが難しいのです。高学年や中学生になっていくと、周囲の子どもの表情も大人っぽく複雑になっていきます。表情の読み取りが苦手な子どもにとっては、学年が上がるにつれてコミュニケーションが難しくなっていくことがあるので注意が必要です。

表情以外のコミュニケーション

表情がとぼしいからといって、気持ちや感情がないわけではありません。しかし、表情での表現が難しい子どもにとって、自分の表情そのものを改善するのはなかなか難しいことです。そのため、周囲の大人が子どもの気持ちを理解することが大切です。その上で、自分の気持ちを、表情だけではなく言葉やジェスチャーで表す方法を身につけていけるよう支援できるとよいでしょう。

たとえば、人からいやなことをされたら「いやだからやめてほしい」と言葉で伝える、物をもらってうれしかったら「ありがとう。うれしい」と言葉で伝えるなど、コミュニケーションの方法を伝えましょう。そのためにも、支援員は、子どもの細かな行動や発言から、気持ちや感情を読み取れるように日ごろから注意深く観察しましょう。

周囲があたたかく明るいコミュニケーションを続けていくことで、次第に本人のコミュニケーションの力も変化していくことがあります。

マスクをした状態でのコミュニケーション

コロナ禍により、マスクをした状態で支援する場面が増えました。マスクをすると、子どもの表情も支援員の表情もお互いに見えにくくなります。表情による気持ちが伝わりにくいということを忘れずに、支援員自身の表情にも気をつけましょう。

目は心の窓という言葉もあるように、マスクをした目だけの表情であっても、心からの気持ちは相手に伝わるものです。マスクをしていてもしていなくても、いつも明るい表情でいる、しっかり子どもの顔を見て話し掛けるなど、子どもが安心するコミュニケーションを心掛けましょう。

事例 -13
コミュニケーションに関すること

●スキンシップが多い子どもの支援

問題のない動作に変えながら，言葉のコミュニケーションを増やしましょう。

れなさんは、小学5年生です。
誰に対しても人見知りしません。
人との距離の取り方が近く、支援員に対しても、気軽に抱きついてきます。
わっ
算数教えて!
支援員は、困ったなと思いながらも、れなさんの気持ちが傷つくのではないかと思い振り払うことができません。
一緒に教室に行こう
う、うん
ぎゅっ
ほかの支援員からも、れなさんとの距離の取り方を心配されているようです。
れなさん、これ持っていってくれる?
すみません
はーい

支援のPoint

振り払うのではなく、問題のない動作やコミュニケーション方法に変えていきましょう。
遊ぼう！
抱きついてきたらハイタッチに変える
今日も元気だね！ハイタッチ！
手を握ってきたら、逆の手の握手に変えて離す
ぎゅー
ぱっ
また、言葉でのコミュニケーションを増やすように心掛けると、過度なスキンシップは減ってきました。
れなさん おはよう 元気？
うん！元気だよ！

解説

スキンシップが多い子どもの支援

言葉によるコミュニケーションを増やす

学年が上がっても人との距離が近く、支援員や先生に対してべたべたと触ったり抱きついたりといったスキンシップの多い子どもがいます。このような子どもは、体は大きくなっていても、異性に対して恥ずかしいと思う気持ちの面がまだ育っていない場合があります。しかし、子どもの気持ちが幼いからといって、過度なスキンシップを支援員がそのまま受け止めてしまってはいけません。

このような子どもに接する際、あからさまに身体接触を避ける、振り払うといった動作をしてしまうと、「支援員から嫌われていると感じるかもしれない」と心配になるかもしれません。そこで、子どもが抱きついてきたら、さりげなくハイタッチや握手といった動作に移行する、子どもが手をつないできたら、握手の動作に変えてから離す、手遊びに移行するなど、接触が問題にならないようなコミュニケーションに変える工夫をしましょう（コロナ禍で握手も難しい状況では、ひじタッチなどへの置き換えも考えられます）。

このような、大人に対する身体接触が多い子どもは、大人とのコミュニケーションや、大人からケアされることを求めていると考えられます。肯定的な言葉掛けをしたり、子どもの興味関心があることについて会話をしたりといった、言葉によるコミュニケーションを意識して増やしてみましょう。言葉のコミュニケーションが増えることで精神的に満足し、過度なスキンシップに頼らなくなっていくことがあります。

年齢に合ったコミュニケーションを

態度や言葉遣いが幼かったり、同学年の子どもに比べて体が小さかったりする子どもに対しては、支援員もつい、小さな子に接するように手をつないだり、幼い言葉遣いで話し掛けたりしてしまうことがあるかもしれません。しかし、その子の実年齢に合った接し方をするように心掛けましょう。子ども自身も、周囲からの接し方によって、年齢への意識が芽生え、年齢に合った言動に成長していきます。

また、低学年では、支援対象児だけでなく、周囲の子どももおんぶや抱っこ、ひざに座るなど、身体的に接触してくることがあるかもしれません。特に力のある男性支援員に対しては、子どもたちもおんぶや抱っこを要求しがちです。しかし、いくら子どもからの一方的な接触であっても、周囲から誤解される場合もあるので、身体接触はできるだけ行わないように気をつけましょう。

また、生まれもった体の性と心の性が異なる場合もあります。自分と同性だから触れても大丈夫という思い込みも避けなければいけません。

子どもたちと適切な距離を保ちながら、言葉や表情によるあたたかい支援を目指しましょう。

●気持ちの切り替えが難しい子どもの支援

事例 -14
特性に関すること

自分で気持ちのコントロールができるように見守りましょう。

りくさんは、小学4年生です。
体を動かすことが好きです。
ある日の昼休み、ドッジボールをしていると……
わっ
セーフかな
うん、今のはセーフだよな！
アウトだよ！おれ見てたよ！
キーンコーン カーンコーン
そうか？もう休み時間が終わるしセーフでいいじゃん
ぜったいアウトだよ！ずるいよ！
うるさいなあもう行こうぜ

支援のPoint

りくさんは教室に帰ってからも、気持ちを切り替えることができませんでした。
ぜったいアウトだよ！ずるいよ！
支援員は、静かに見守りました。
りくさんが落ち着いてきたころに、声を掛けました。
イライラした気持ちを自分で切り替えられたねえらいね
うん……
ほめる声掛けを増やすことで、気持ちの切り替えができることが増えてきたようです。
今日もドッジボールやろうぜ！
うん！

解説

気持ちの切り替えが難しい子どもの支援

自分で気持ちを切り替えられるように

正義感が強く、まちがったことやルール違反が許せない子どもがいます。一度気になってしまうとそのことが頭から離れず、ずっと考えてしまいます。それが怒りの感情だった場合には、いつまでも怒りが収まらないということになり、周囲の友達ともトラブルになりがちです。

子どもが自立していくためには、自分で自分の気持ちを切り替えられるよう、練習していくことが必要です。本人が怒りの感情にとらわれているときに支援員があれこれ言っても、簡単には本人の気持ちに届きません。支援員は落ち着くまで見守り、落ち着いたら、「自分で気持ちを切り替えられたね」など、前向きな言葉掛けをしましょう。

支援員としては、見守るだけで何もしていないような気持ちになるかもしれません。しかし、おだやかに見守ってくれる大人が近くにいることで、本人の気持ちが落ち着き、気持ちを切り替えるきっかけになることがあります。

好きなことに集中しすぎてしまう子どもには

工作や読書、タブレットパソコンでのゲームなど、自分の好きな物事を始めると没頭してしまい、周囲の状況にかかわらずやめられなくなる子どもがいます。集中すると自分の世界に入ってしまうので、行動を切り替えるのにとても時間がかかります。

好きなことに集中するのは悪いことではありませんが、周囲の状況を見て、自分で自分をコントロールできるようになっていくように支援する必要があります。

授業中など、好きなことをできない時間には、没頭させないような環境づくりが大切です。たとえば、タブレットパソコンに触るとやめられないのであれば、タブレットパソコンを見えない場所に保管する、保管棚を目につかない場所に置くなどです。

そして、授業中にがまんできたら、休み時間などの時間に好きなことができるように配慮しましょう。自分の好きなことに集中してよいときとだめなときのめりはりがつき、自分で見通しをもてるようになれば、次第に気持ちをコントロールできるようになっていくでしょう。

このような環境づくりを伴う支援には、担任の先生との打ち合わせが大切です。授業中の環境づくりや、休み時間にやってよいことについて、先生に確認しておきましょう。

●支援員に頼りすぎる子どもの支援

どこまで手伝ったらいいか試行錯誤しながら，子どもの自立を目指しましょう。

ななさんは、小学1年生です。
不安そうにしていることが多く、特に朝のしたくや、初めて取り組むことについては、支援員に頼ってしまいます。
一緒にやって？
不安が大きいときには、手をつないだり、体に抱きついてきたりといった身体接触も多くなります。
わいわい
わい
わい
支援員がいることで、大人に頼る場面が増えてしまっているようにも見えます。
ぎゅう

支援のPoint
どんなときに不安そうにしているのか、観察して理解しましょう。

朝や、初めての活動が不安なのね……

がんばっていたらほめて見守りながら、支援員が手伝うことと、自分でがんばらせることを探っていきましょう。

自分で上手にできたね！

手伝うときには、本人の気持ちも確認するとよいでしょう。

ここまでがんばれそう？そのあとは、私が書いた字をなぞろうか？

うん
少しずつですが、自分でがんばる様子が見られるようになってきました。

一人でできたよ！

わあ、ほんとだななさんすごいね！

解説

支援員に頼りすぎる子どもの支援

子どもの自立を目指し試行錯誤を

初めて支援員として学級に入るとき、支援対象の子どもから受け入れられるかどうか、支援員自身も不安だと思います。すんなりと支援を受け入れる子どももいれば、拒否する子どももいます。中には、支援員を受け入れてくれるのはよいのですが、支援員に頼りすぎてしまう子どももいます。自分でできることでも支援員にやってもらいたがったり、常に近くにいないと不安がったりするなどです。支援員としては、何をどこまで手伝ってよいのか、対応に悩むことがあるでしょう。

支援される子どもと支援員の関係性ができてくるまで、最初は悩みながらの支援になって当然です。焦らず、試行錯誤しながら支援に当たりましょう。その際、一人で悩まず、担任の先生に、どこまで手伝ったらよいか、学校としてはどこを自分でできるようになってほしいと考えているのか、確認するとよいでしょう。その上で、子どもが支援員に頼らずに少しずつ自立していけるように、支援のタイミングを探っていきましょう。

支援員に頼ってしまう子どもの支援では、すべて手伝ってしまっても、突き放してしまってもうまくいきません。本人の気持ちに寄り添いながら、どこまで支援して、どこから本人ががんばるようにするのかの見極めが大切です。今後も常に支援員がそばにいられるわけではありません。支援員がいない日でもスムーズに学校生活が送れるように、子どもの自立を意識しながら支援しましょう。

支援員を拒否する子どもには

支援員に頼りすぎる子どもとは逆に、特に高学年や中学生で、支援員を拒否する子どもも珍しくありません。思春期は、周囲との違いや自分の苦手なことに気づき、気持ちが不安定になる時期です。そのような時期に支援をいやがることもあるかもしれませんが、それも成長の段階のひとつです。

支援をいやがる子どもに支援員が無理に近づいても、支援の効果は望めません。まずは、支援対象の子どもだけでなく、学級全体をサポートする姿勢で、学級の子どもたちとの関係づくりを行いましょう。周囲の子どもとコミュニケーションをとったり学習の支援をしたりしていくうちに、対象の子どもからも徐々に受け入れられる場合があります。

時には少し離れたところから子どもの様子を観察し、がんばっているときは近づいてそっとほめ、不安そうなときは「大丈夫？」と声を掛けるなどして信頼関係を築いていきましょう。

信頼関係づくりには時間がかかります。先生方とも相談しながら、焦らず子どもと接していくことが大切です。

事例 -16
特性に関すること

●精神的な努力が難しい子どもの支援

課題の見通しをもたせたり，自分で目標を決めさせたりしながら支援しましょう。

りきとさんは、小学5年生です。外で遊ぶのが好きです。
今日は、今学期の目標についての作文を書くことになりました。
廊下に掲示するので、今日中に提出してね
はーい
りきとさんは時間内に書き終えることができませんでした。
りきとさん、書けましたか？
うーん…
りきとさんは、作文が終わらないまま校庭に遊びにいってしまいました。
♪キーンコーン
カンコン♪
ぴゅ〜

支援のPoint

休み時間のあと、支援員は、作文をどうするかりきとさんと相談しました。

いつだったら書けそう?

うーん、じゃあ、給食の準備の時間にやる
支援員は先生に報告し、一緒に課題に取り組みました。

やった!

おお、がんばったね!

ほかの時間の課題についても、目標を自分で決めて、支援員と約束して取り組むようにしました。

今日は何個の漢字を練習する?

3個
りきとさんは少しずつ、多めの課題にも取り組めるようになってきました。

次のページもやる?

やる!

解説

精神的な努力が難しい子どもの支援

何につまずいているのか観察する

学校では、新しい学習に取り組んだり、ドリルなどに継続して取り組んだりといった、今もっている力より上を目指して努力しなければならない場面があります。しかし、難しい課題に向き合ったり、根気よく取り組んだりするような精神的な努力が難しい子どもがいます。また、日によってできたりできなかったり、気持ちにむらがある子どももいます。

難しいことを努力する力は、成長するにつれて次第に育ってくるものですが、発達に偏りがあるとその力の発達が遅れていることがあります。努力できないのは甘えているわけでも、なまけているわけでもありません。「できるのになまけている」と思って叱るだけでは支援にならないということを理解しておきましょう。

また、努力すべきことに取り組めないのは、ほかにも理由があるかもしれません。「気になることがあって気が散っている」「指示の内容が理解できていない」「課題が難しすぎる」などの理由です。その子が何につまずいているのかよく観察しましょう。

課題の見通しをもたせる

学習の課題については、やることの見通しがもてると取り組みやすくなる子どももいます。「今日は1ページ取り組む」「11時までに10問計算する」など、具体的な課題の量や時間を提示したり、毎回の課題であれば同じようなリズムを作っておいたりすると、取り組みやすくなります。

また、課題をなるべく短時間でできる過程に分けて、過程ごとに達成感をもたせると最後までがんばれることがあります。

自分で目標を決めさせる

先生から言われた課題に取り組むことが難しい子どもでも、自分で目標を決めると取り組みやすくなることがあります。たとえば、先生から与えられた課題の中で、今日はどこまで取り組むか、自分で決めさせて支援員と約束するとよいでしょう。

低学年であれば、目標が達成できたらシールを貼るカードなどを利用するのもよいでしょう。カードやシールなどを使う場合は、事前に先生に相談しましょう。

本人の意見や気持ちを聞くことができるのは、子どものいちばん近くにいる支援員である場合があります。精神的な努力が難しい子どもでも、成長したい、できるようになりたいという気持ちは必ずもっています。そのような気持ちをうまくくみ取って、少しずつでも成長につながる支援ができるとよいでしょう。

●道具の使用が苦手な子どもの支援

事例 -17
特性に関すること

がんばろうとする気持ちを認めながら，支援が必要な部分を見極めましょう。

うたさんは、小学2年生です。
手先を使った道具の使用が、全般的に苦手です。
鉛筆を握り込んでしまう
箸がばってんになってしまう
学習で使う文具の使用も苦手です。
算数の教科書の大きさを定規で測ってノートに書きましょう
定規を固定することが難しく、正しく測ることができません。

支援のPoint

どんな動作が苦手なのか理解した上で、必要なことを支援しましょう。
左手で固定するのが難しいのね……
本人の了解を取りながら、部分的に動作をサポートしましょう。
定規を一緒に押さえていいかな？
うん
課題に取り組みやすいように環境を整えることも、支援になります。
使わない物は机にしまおうか
うたさんは、自分でできる部分があるとうれしそうです。
自分で測れたよ！
やったね！

解説

道具の使用が苦手な子どもの支援

がんばってもうまくいかないことを理解する

手先が不器用で、はさみや定規など学習に使用する文房具をうまく使えない子どもがいます。

自分が分厚い手袋をして細かい作業をしている状態を想像してみましょう。上手にやりたい気持ちがあってもうまくいかない、歯がゆい気持ちになると思います。手先が不器用な子どもはそれと同じような状態にあると言えます。もちろん、道具を使うことで手先の動きを練習していくことは大切です。しかし、子どもなりにがんばってもうまくいかないことがあるので、がんばる気持ちを認め、できたことをほめながら支援を行うことを心掛けましょう。

どこまで手伝うか見極める

道具の使用が苦手な子どもには、支援員が手を添えて部分的に手伝ったり、課題を少しやさしいものに変更したりするなどの支援が考えられます。スモールステップで道具の使い方を練習していきましょう。できないからといって全部支援員がやってあげてしまっては成長につながりません。どのような動作が苦手なのかよく観察し、先生にも、どこまで手伝ってよいのか確認しておきましょう。

それでも道具を使うのが難しい場合は、道具そのものを見直すという支援も考えられます。「すべりにくい定規」「開閉がかんたんなはさみ」など、特別支援向けの文房具もあります。筆圧が弱く、鉛筆で書くのが難しければ、フェルトペンを使用するなどの工夫も考えられます。ただし、このような支援グッズの使用は支援員だけでは決められないため、必要そうな場合は先生に相談しましょう。

【関連】姿勢が保てない子ども

いすに座っていても同じ姿勢でじっとしていられず、うつぶせになってしまったり、いすからずり落ちそうになっていたりする子どももがいます。

体が柔らかくて姿勢がぐにゃぐにゃしてしまう子どもは、体を固定するために、足を組む、極端に足を広げる、いすの上に立てひざをするなどの姿勢を取る場合があります。このような姿勢は、態度が悪いと見なされて注意されやすいですが、発達障害による体の特徴からきていることが多いのです。ただ「姿勢をよくしなさい」と注意されても、子どもはどのように直せばいいのかわかりません。

姿勢が崩れすぎて学習に支障が出る場合は、いすの位置を直したり、足の裏が床についているか確認したりしましょう。あまりにも姿勢が安定しない場合には、いすの座面に滑りにくいマットやシートを敷くなどの対応も考えられます。先生に相談しましょう。そして、正しい姿勢で座れている場合は、「上手に座れているね」などの声を掛け、よい姿勢を自分で意識できるようにします。自分の姿勢に気づいて自分で直していけるように習慣づけていきましょう。

●感覚が過敏な子どもの支援

事例-18
特性に関すること

苦手な感覚は子どもによって異なります。何が苦手なのか理解して支援しましょう。

しんさんは、小学3年生です。
騒々しい場所が苦手です。
音楽室に行くよ
……
ラララー
ああああ〜
……
ピー
ドンドン
プー
しんさんは、音楽室を飛び出してしまいました。
あっ、しんさん!

支援のPoint

苦手な音や感覚は子どもによって違うので、何が苦手なのかを理解しましょう。
ピーッ
楽器の音が特に苦手そう
先生に相談して、席の位置を工夫してもらったり……
先生や保護者と相談し、耳栓やイヤーマフなどのグッズを使用するのもよいでしょう。
【イヤーマフ】周囲の騒音レベルを下げることができる
しんさんは、イヤーマフを使うことで、音楽の時間が苦痛ではなくなってきました。
次、音楽だよ
はあい

解説

感覚が過敏な子どもの支援

さまざまな感覚過敏

聴覚・視覚・味覚・触覚など、さまざまな感覚が過敏な子どもがいます。過敏さの度合いは子どもによって異なります。感覚を他人が理解するのは難しいことですが、周囲が思うより本人の苦痛が大きい場合があります。どんな感覚がどの程度敏感なのか理解し、できるだけその苦痛を取り除くような環境づくりや、本人の感じ方に寄り添った支援を行うことを心掛けましょう。また、学年が上がるにつれて、本人が自分で対策を取れるようになることも大切です。

感覚的な問題は、本人の気持ちの状態と関連して、強く表れたりあまり目立たなくなったりします。活動や学習への不安によって感覚過敏が強く表れることもあるので、感覚過敏だけに着目せず、不安を取り除く支援ができないか検討することも大切です。

聴覚過敏

騒々しい場所や大きな音が苦手な子どもがいます。このような子どもは、特定の音が耐えられないほど大きく聞こえていたり、不快な音に聞こえていたりする場合があります。どのような音が苦手なのかは子どもによって異なるので、自分で説明できない年齢の子どもについては、周囲が観察し、理解することが大切です。教室でできる対策としては、なるべく騒音レベルの小さくなるような席の位置を工夫する、耳栓やイヤーマフを使用するなどが考えられます。つらそうな場合は、担任の先生と相談しましょう。

視覚過敏

動いている物や人の動きに常に目がいってしまったり、掲示物が気になって授業に集中できなかったりというように、視覚的な刺激に過剰に反応してしまう子どもがいます。支援員は子どもの様子を観察し、「あの掲示物が気になって集中できないようです」など、気づいた点を先生に伝えると、先生が支援を考える際の参考になることもあります。

味覚過敏

味に対して敏感で、食べられるものが少ない子どももがいます。特定の味が苦手な場合もあれば、味が混ざっていると食べられないなどの場合もあります。給食中の支援を行う場合は、先生に支援の方針を確認しておきましょう。無理に食べさせるのではなく、楽しく食事をする習慣づくりを行うほうが、食育には有効だと考えられます。

触覚過敏

肌に触れる布などの感触に敏感な子どもがいます。マスクが必要な場面でマスクがつけられない場合は、先生に支援の方針を確認しておきましょう。

●自己刺激行動が見られる子どもの支援

事例 -19
特性に関すること

安全確保に留意し，対応方法を事前に先生に確認しておきましょう。

はるさんは、小学3年生です。
授業中にずっと座っていることが苦手です。
いきなり席を立って飛び跳ねるような
自己刺激行動が見られます。
ぴょん
ぴょん
しばらくすると、自分で着席します。
ときどき、鉛筆や定規をかむような行動も
見られます。
ガジ
ガジ

支援の
Point

支援員は、自己刺激行動については「すべて禁止するのではなく、危険がなければ見守る」という方針を先生から聞きました。
危険な行動のときは私に合図してください
ハイ
はるさんの場合、行動を注意して禁止するより、刺激を入れた方が落ち着きます。
授業に飽きてきたときに起きることが多いので、はるさんの興味を引くような活動に誘うようにしています。
このプリントが終わったらお絵描きタイムだよ
はるさんは、学年が上がるにつれて、自己刺激行動の頻度が少なくなってきました。
今日は落ち着いているな

解説

自己刺激行動が見られる子どもの支援

対応を事前に確認しておく

発達障害のある子どもの中には、脳への刺激を求めて、飛び跳ねる、走る、物をかむといったような行動をくり返し行う子がいます。これを自己刺激行動といいます。中には、自分の頭をたたいたり、指をかんだりといった痛みを伴うような行動をくり返す場合もあります。これらは脳への刺激を求めて行っていると考えられており、これらの行動をしないと落ち着かなくなったり、ぼーっとしたりしてしまうこともあります。

このような行動は、学校生活の中では落ち着きがないと評価され、注意されがちです。しかし、注意して無理にやめさせることで、余計に行動がくり返されることもあります。

刺激を入れた方が満たされて行動が落ち着くことが多いので、危険性が低い行動であれば、あまり注意をせずに見守る方がよいでしょう。自己刺激行動への対応については、先生にあらかじめ確認しておきましょう。

また、どんな場面で多く起きるかを観察しましょう。授業に飽きてしまったときに多く起きるのであれば、授業に関するほかのことに子どもの興味を引くことで、別の行動に移行するように声掛けするとよいでしょう。

【関連】チックの症状がある子ども

チック（体の一部が本人の意志と関係なくくり返し動くこと）が断続的に続く子どもがいます。まばたき、顔をしかめる、目をきょろきょろさせるなどの動作のほか、咳払いや同じ言葉をくり返す、鼻を鳴らすなどの症状もあります。根本的な原因は解明されていませんが、本人の力では止めることが難しい場合が多いです。

チックは、幼児期から小学校低学年に多いといわれています。成長に伴って落ち着いてくるケースが多いですが、目立つ時期があったり、目立たなくなる時期があったりをくり返し、思春期に目立つことも多いようです。周囲は長い目で見守ることが必要です。

また、本人の努力で止められないために苦しく感じていることも多いため、つらい気持ちに寄り添った支援が求められます。

チックは、周囲が症状を止めるように注意することで、かえって悪化するともいわれています。本人が必要以上にチックを気にせず、楽しく学校生活を送れるように支援しましょう。チックの症状そのものに注目したり本人に指摘したりすることはせず、子どものよいところ、得意なことに目を向けましょう。

また、周囲の子どもの理解を得ることも大切です。学級の友達がチックの症状をからかったり、無理にやめさせようとしたりすることがないように、担任の先生とも相談しながら配慮しましょう。

●自傷行為がある子どもの支援

事例 -20
特性に関すること

どのような場面で自傷が起きるか把握し，安全確保に努めましょう。

えりさんは、小学1年生です。

入学後しばらくしてから、自分の手をかんだり、体をかきむしったりといった、自分を傷つける行為（自傷）が多くなりました。

課題が難しくて不安なときに、手をかむ行為が多くなるようです。

学級の友達も心配しているようです。

先生、えりちゃんが手をかんでます！

支援のPoint

支援員は、難しい課題のときは、部分的に手伝い、仕上げは本人が行うようにしました。
ここは一緒にやるね
それでも難しそうなときは、先生に相談し、難易度の低い課題に変更してもらいました。
こっちのプリントをやろう
自傷が起きてしまった場合は、安全を確保し、別室で気分転換しました。
ちょっと出ようか　さっきの算数は難しかったね
気持ちを代弁したり、気持ちを立て直せたらほめたりする支援を続けるうちに、自傷は少しずつ減ってきました。
自分で気持ちを切り替えられたね　えらい！

解説

自傷行為がある子どもの支援

対応を事前に確認しておく

自分の手をかむ、体をかきむしる、髪を抜く、かさぶたやささくれをむく、頭を壁に打ちつけるといった自傷行為をくり返し行ってしまう子どもがいます。

発達障害の特性として、感覚が過度に敏感だったり刺激に鈍感だったりするために自傷行為をしてしまう場合もあれば、不安やストレスなどを言葉にできず、自傷行為で表現している場合もあります。

体を傷つける行動なので痛いように見えますが、本人にとってはあまり痛くなかったり、むしろ痛みが心地よかったりする場合まであります。ですので、「痛いからやめよう」という声掛けはほとんど意味がありません。自傷行為がある子どもの支援に当たる際は、自傷行為が見られたらどのように対応するか、先生に確認しておきましょう。

自傷行為への対応

自傷は、難しい課題に直面したり、困っていることを周囲に伝えられなかったりするときに多く起こります。支援員は、どのような場面でなぜ自傷行為を行ってしまうのか観察しましょう。

難しい課題に直面したときに自傷が起こるようであれば、やさしい課題に変更する、支援員が部分的に手伝うなどの対応方法が考えられます。困っていることを伝えられなくて自傷が起こる場合は、自傷以外の表現方法を教える、子どもの気持ちを支援員が代弁するといった支援が考えられます。

また、自己刺激として自傷行為をしてしまうようであれば、より安全な遊びに気持ちを向けるよう誘導するとよいでしょう。少し痛い感覚が好きであれば、ツボ押しなどのマッサージグッズや硬めのヘアブラシなどを触ったり、それらで体をマッサージしたりするようなことが効果がある場合もあります。体を傷つけないことに気をつけて、好きな感覚で本人が満足できることが大切です。

それでも自傷が起きたときは、無理にやめさせようとせず、慌てずに安全を確保しましょう。周囲の人間が過剰に反応すると、その反応を求めて自傷がエスカレートしてしまうことがあります。

自傷が起きた場合は、本人が日ごろから好きな感覚を入れてあげると収まる場合もあります。たとえば、背中をさすられるのが好きな場合は、少し強めに背中をさすり、収まるまで続けましょう。手で自分の頭をたたいたり、髪を抜くような場合は、本人の手を握って、手のひらのツボを少し強めに押したりなど、本人がいやがらない範囲でほかの刺激を入れるとよい場合もあります。対応方法について先生に確認しましょう。また、本人の気持ちを代弁してあげることも大切です。「最後までやりたかったんだよね」「上手にできなくてくやしかったね」など、気持ちを表現してもらうことで落ち着く場合もあります。

新学期、長期休み明けなど、環境の変化で自傷がひどくなる場合があります。環境に適応することで少しずつ収まっていく場合が多いので、安全に気をつけながら見守ることが大切です。

コラム3
インタビュー

子どもの成長を近くで見られる喜び

特別支援学級支援員　Bさん

東京都の特別支援学級や通常学級で，10年以上にわたり支援員や介助員をしてきたBさんに，お話をうかがいました。

Q 支援員をしていて，よかったことやうれしかったことは何ですか?

A やはり，子どもたちの成長をそばで見られることがうれしいです。できなかったことが少しずつできるようになるという日々の小さな成長はもちろん，運動会や発表会などの行事でがんばっている姿を見ると，改めて成長を感じて感動します。

私が支援員になって初めて担当したお子さんは，最初，学級のみんなと一緒に教室で過ごすことができず，一日の大半を別室で過ごしていました。でも，学級のみんなと一緒に参加した行事のあと，参加できた喜びを詩に書いているのを見て，とてもうれしかったです。その子はその後，自分から立候補して学芸会の主役をやるまでになりました。

Q 支援員をしていて，大変だったことは何ですか?

A 子どもがパニックになったり教室を飛び出したりしても理由がわからなかったり，支援の手立てがわからなかったりする状況で，大変だと感じることはあります。そんなときは特に，先生や保護者など，大人同士の連携が大事になりますが，うまくいく場合ばかりではありません。大人同士の関係づくりが難しいと思うこともあります。

Q 支援員として，特に心掛けていることはありますか?

A 子どもが成長していくためには，学校が安心できる場所になることが大切だと思います。支援員である自分も，その安心材料のひとつでありたいと思っています。そのためにも，前向きな声掛けや関わりができるように心掛けています。

また，子どもを思う熱い気持ちと同時に，冷静な頭をもつことも大事です。支援が子どもへの押し付けにならないように，適切な距離感を考え，時には一歩引いて見守ることも大切だと思います。

第4章

学習支援の基本と支援の例

1

学習支援の基本

学習支援を行うときには、どのような心構えが必要でしょうか

■先生の補助的な立場で支援する

支援員（学習支援員）として授業中の学習支援に当たるときは、授業を行う先生の補助的な役割として、個別の子どもの支援を行うことが基本となります。先生の代わりに授業を行うことや、授業とは別の指導内容を独自に考えて実施することはできません。先生に学習支援の内容や方針を確認し、その方針に沿った支援を行うことが基本になります。

時代の変化に伴い、学校の学習活動も変化しています。自分が子どものころとは異なることもあるかもしれません。自分の経験や考えにもとづいて支援するのではなく、先生が考える授業のねらいに沿った支援を行えるように、支援対象の子どもだけでなく、学級全体の動きにも目を配りましょう。

なお、この章で挙げる支援は例です。授業で使っていない教材やプリントなどを使いたい場合は、事前に先生に相談しましょう。

■どこでつまずいているのかを把握する

個別の学習支援では、どのようなことに注意が必要でしょうか。

一人ひとりの子どもによって困難の内容は異なります。まずは、何が原因でどこでつまずいているの

かを把握することが大切です。

「先生に指示されてもプリントに取り組まない子ども」がいた場合、取り組まない理由として、「先生の指示を聞いていない」「プリントの内容の理解が難しい」「文字を読むことに困難がある」など、さまざまなことが考えられます。複数の理由が複雑に絡み合っていたり、気持ちや意欲の問題から生じたりしている場合もあるでしょう。

また、学習は積み上がっていくものです。学習系統のどの段階からつまずいているかの把握も大切です。算数でいえば、「かけ算の筆算ができない」のは、「九九を覚えていない」からなのか、「たし算が習得できていない」からなのか、それ以外の課題があるからなのかによって、支援すべき内容が変わります。先生に支援してほしい内容を聞いたり、自分で観察したりしながら、個別のつまずきに応じた支援を行うことが大切です。

子どもがどこでつまずいているのかを評価するとき、知能検査など特別な検査を受けないとわからないと感じている支援員もいるかもしれません。そのような検査が資料になることもありますが、専門的な評価がなくても、その子どもの日常的な様子を知っている大人が子どもの様子を観察することが評価になる場合もあります。支援員が観察することで集められる情報も多いので、よく子どもを観察しましょう。自分一人の判断ではなく、支援している大人が何人かで話し合うことも、客観的なつまずきの評価のためには大切です。

2 国語の学習支援の例①

国語の授業では、どのような支援が考えられるでしょうか

■話すこと（説明すること）が苦手

意見を発表するときに自分の考えをうまく言葉にできない子どもがいます。このような子どもには次のような支援を行うことが考えられます。

【支援の例】

・発表の順番を後ろのほうにしてもらい、ほかの子どもの発表を参考にできるようにする。
・本人に具体的に質問することで考えを引き出し、それを支援員がまとめて本人に伝える。
・全員の前で話す前に、支援員や先生の前で練習しておく。
・話す内容を紙やホワイトボード、黒板に書いておいたり、ＩＣＴ機器を活用して発表したりするなど、表現方法を工夫する。

■聞くことが苦手

先生が学級全体に向けて説明をするときに、話を聞いていられなかったり、聞いていても内容を理解することが難しかったりする子どもがいます。このような子どもには、次のような支援を行うことが考えられます。

【支援の例】

・先生が話し始めることを子どもに伝える。
・何かを触っていて話を聞いていないようであれば、本人と相談して預かったり片づけたりする。
・聞くだけでは理解するのが難しい場合は、内容を簡単なメモに視覚化して渡す。

■教科書の音読が苦手

教科書の文章を声に出して読むときに、読みまちがいが多かったり、スムーズに読めなかったり、声に出して読みたがらなかったりする子どもがいます。このような子どもには、次のような支援を行うことが考えられます。

【支援の例】

・まずは支援員に聞こえるように練習し、徐々に全体でも読めるように段階を踏む。
・自分が今どこを読んでいるのかがわかるように、文を指で押さえながら読むようにうながす。自分で押さえるのが難しければ、支援員が押さえながら読ませる。
・読む部分だけが見える自助具（スリット等）を使う。
・音読の前に、単語の意味や読み方を確認しておく。漢字にふりがなを振る。
・意味の切れ目や文節に斜線を入れる。（例）わたしは／本を／読みます。
・読む分量を減らす。単語や短い文で読む練習をさせる。

3 国語の学習支援の例②

国語の授業では、どのような支援が考えられるでしょうか

■ひらがな・かたかなの読み書きが苦手

ひらがなは1年生で学習しますが、学年が上がっても十分に習得していなかったり、濁音や促音（小さい「っ」）、拗音（小さい「ゃ・ゅ・ょ」）などの読み書きを習得していなかったりする子どもがいます。

このような子どもは、読むこと、書くこと自体をいやがる場合もあり、無理に読み書きさせると文字に対する苦手意識が強くなってしまうことがあります。苦手な部分を把握し、得意なこと、興味があることから伸ばしていくことが大切です。

【支援の例】

・課題が難しかったり多すぎたりする場合は量を減らす。できたところまでをほめる。
・単語をスムーズに読めない場合は、支援員が読んで聞かせる（初めて読むときに、文字は読めていても単語として読めていないことがある）。
・写して書くことが難しい場合は、支援員が薄く書いた文字をなぞらせる（水色、ピンクなどの薄い色で下書きするとよい）。
・別の紙にお手本を書いて、子どもの手元に示す。
・いきなり鉛筆で書くのではなく、指書きや空書きをさせる。

・大きなマス目のノートや用紙を使う。文字を大きく提示する。
・書く紙に罫線などの手がかりがない場合は、罫線やマス目を書く。

■文章を書くことが苦手

文章を書くことが苦手な子どもは、最初から長文を書こうと思うと負担に感じて取り組めない場合があります。支援員が手伝って課題をスモールステップに分解し、手順を見えるようにした上で一つずつクリアさせていくと、課題の達成が容易になる場合があります。

【支援の例】

・書く内容を考えるときに、与えられた課題に対し、どのような内容が考えられるかを支援員と話し合う。
・子どもの考えを聞き出して書き出す。
・作文を書く前に構成メモ（文章の骨組み）を書かせる（子ども一人では書くことが難しい場合は、支援員が手伝って書く）。
・構成メモで、書く内容と順番を子どもと一緒に考える。
・構成メモをもとに短い文章を書かせ、子どもと一緒につなぎ合わせる。

4 国語の学習支援の例③

国語の授業では、どのような支援が考えられるでしょうか

■漢字の読み書きが苦手

漢字を使った読み書きが苦手だったり、漢字の練習をいやがったりする子どもがいます。このような子どもの中には、ひたすらくり返して書くだけでは漢字を覚えられず、ていねいに少ない回数練習した方が覚えやすい子どももいます。漢字に苦手意識をもつ子どもに対して、あまり細部の形やとめ・はね・はらいにこだわって指導すると、漢字が嫌いになってしまい、ひいては学習全般に苦手意識をもってしまうことがあります。発達段階に応じて、その子どもの取り組みやすい方法で学習させ、苦手意識を軽減していくことが大切です。

【支援の例】

・漢字を書く前に、読み方や使い方、意味を子どもと一緒に確認する。
・子どもの興味や経験と結びつけて、漢字の意味や使い方を確認する。
(例) 電車の好きな子どもに、「新は、新幹線の新だね」と興味をもたせる。
・課題が難しかったり多すぎたりする場合は量を減らす。できたところまでをほめる。
・写して書くことが難しい場合は、支援員が薄く書いた文字をなぞらせる。
・別の紙にお手本を書いて、課題のすぐ近くに示す。(まちがいやすい部分を違う色で示すとわかりや

すい)。

- いきなり鉛筆で書くのではなく、まず指書きや空書きをさせる。
- 大きなマス目のノートや用紙を使う。文字を大きく提示する。
- 書く紙に罫線などの手がかりがない場合は、罫線やマス目を書く。
- 部首のヒントや、読み方のヒントを出す。
- 漢字を部分に分解して、形を言葉で説明する。(例) 親＝立ち木を見る。
- 漢字を表すイラストを提示する(漢字辞典や漢字の成り立ちについて説明している本や教材がヒントになる)。
- 急いで書いて乱雑になってしまう場合には、書く回数を減らしたり、ゆっくり書くと字が整うことを説明したりする。

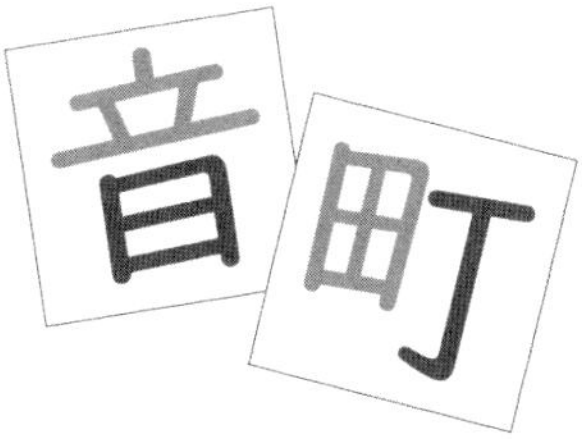

▲部分で色分けした漢字

5 算数の学習支援の例①

算数の授業では、どのような支援が考えられるでしょうか

■算数の学習支援

算数では、抽象的な言葉や概念を理解しにくいことが多いので、子どもの身近なものに置き換えたり、図や絵で示したり、具体物を操作して理解させることが支援になります。先生に確認しながら取り組んでいきましょう。

【支援の例】

・抽象度の高い言葉（「商」「等しい」など）を、子どもが知っている言葉や身の回りのものに置き換えて提示する。

・数式や数量の関係を、子どもの経験にもとづいた場面や興味がある題材でたとえる。

・数式や数量の関係を具体物を使って視覚化したり、動作化させたりする。

（例）たし算をおはじきを使って視覚化する。

・数式や数量の関係を図式化してみせる。

・子どもが理解できていることから課題を始め、スモールステップで取り組ませる。

時計を読むことや時間の計算が苦手

生活する上で時計を読めるようになることは大切です。時計を読むのが苦手な子どもについては、ふだんの生活でも時計を見る機会を増やし、時間の感覚を養うことを意識しましょう。
また、ほかの課題と同様に、どこでつまずいているのかを把握することが大切です。「数字を読むことに課題がある」「時・分・秒の関係の理解が難しい」「60進法の概念の理解が難しい」などのつまずきが考えられます。

【支援の例】

・つまずいている部分がわかりやすく表示されている文字盤のプリントなどで練習する。
（例）短い針と長い針の色が違う。「分」の部分にも数字が表記されているなど。
・学習用の時計を使って手で操作させる。
・「5、10、15、20、25……」など、5飛びの数え方に慣れるように一緒に唱える。
・ふだんの学校生活で時間を伝えたり時計を見せたりすることで、時計の読み方や時間の感覚に慣れさせる。
（例）「10時30分から3時間目が始まるよ」「あと5分で休み時間が終わるよ」など。

6 算数の学習支援の例②

算数の授業では、どのような支援が考えられるでしょうか

■かけ算九九が苦手

小学校2年生で九九の学習をします。大量の情報をいちどに丸暗記するのは大変です。かけ算の意味を図などで示しながら子どもが好きな段から練習するなど、スモールステップで楽しく学習することを心掛けましょう。

【支援の例】

・かけ算の概念を絵や図で示す。
・九九のカードで練習する。カードに唱え方を書く。語呂に合わせた絵を加える。
・いつでも振り返られるように九九の表を用意しておき、必要に応じて提示する。
・言いにくい段は、子どもの言いやすい言い回しに変える。

■筆算の計算が苦手

まずは、筆算が難しい原因を観察しましょう。「マス目の中に書くことができない」「基本的なたし算・ひき算などの計算が難しい」「繰り上がりや繰り下がりが難しい」など、理由によって支援内容が変わります。

【支援の例】
・筆算に必要なノートやプリントのマス目をわかりやすく強調する。
・支援員が部分的に書いて子どもに残りを埋めさせる。
・定規を使って線を引かせる。
・問題を解く計算の手順を先に示し、確認してから問題に取り組ませる。

■文章題が苦手

文章題では、計算する力だけでなく読解力も必要になるので、どこでつまずいているのかの把握が大切です。「文章を読み取ることに課題がある」「内容を数式に置き換えることが難しい」「計算や筆算に課題がある」「文章題を解く手順の見通しが立てられない」などのつまずきが考えられます。

【支援の例】
・漢字にふりがなを振ったり、意味の切れ目や文節に斜線を入れたりする。
・文章を音読し、大事な言葉や数字に線を引かせる。
・数式や場面を、おはじきなどを使って具体的に示す。
・計算や式を書くスペースに、書きやすくなるようにマス目を作る。またはほかの紙を用意する。
・問題を解く手順を先に示す。（例）問題を読む↓図にする↓式を立てる↓計算する↓答えを書く
・長い文章題のときは、いくつかの場面に分けて図で示す。

7 副教材やICT機器を使った学習支援

学習支援では、副教材やICT機器をどのように活用すればよいでしょうか

■副教材の活用

学校では教科書以外にも、漢字・計算ドリルやプリント教材、ワークテストなどさまざまな副教材を使っています。中でも特に、漢字ドリル・計算ドリルといった教材は、発達障害のある子どもにとっては取り組むのが困難な場合も多いでしょう。ただこなすことが目的にならないように、量の調整や進度の調整など、先生に確認しながら取り組ませるようにしましょう。

【支援の例】

・問題文を読み飛ばすことが多い子どもは、一緒に問題文を確認する。
・問題文の大事な言葉に線を引かせる。
・量が多くて取り組むことが難しい場合は、その子どもに合った量に調整する。
・取り組む前に、子どもに目標（「今日は3つの漢字を練習する」など）を決めさせる。
・「1ページ終わったら本を読んでよい」「5分間取り組んだら休み時間」など、活動の見通しをもたせる。
・目標を達成したらシールを貼らせるなど、達成感をもたせる工夫をする。

■ＩＣＴ機器を使った学習支援

ＧＩＧＡスクール構想（一人一台の端末環境等を整備することでＩＣＴ教育を進める文部科学省の構想）により、学校のＩＣＴ環境が急速に整備されてきています。情報端末等の活用のしかたは学校によってさまざまですが、今後ＩＣＴを活用しながら学ぶ場面は増えていくことが予想されます。

個別に最適化しやすいＩＣＴの特性を活かすことで、障害による困難に対して、より効果的な支援を行えるようになる可能性は大いにあると考えられます。現在はまだ、ＩＣＴを使って何ができるかを模索している段階といえますが、支援員も、タブレットパソコンなどの基本的な操作方法を知り、うまく活用しながら支援に当たる必要があるでしょう。

ただし、注意すべき点もあります。障害の特性によっては、必要以上にタブレットパソコンに集中してしまったり、人と直接コミュニケーションを取ることが望ましい場面でタブレットパソコンに没頭してしまい、人とのコミュニケーション経験が少なくなってしまったりすることも考えられます。

情報端末との上手なつき合い方を学ぶことも大切な学習です。先生に確認しながら、タブレットパソコンを使用するときの姿勢やスクリーンタイム（画面を見ている時間）を意識させたり、タブレットパソコン以外の活動にも興味をもたせたりといった支援が必要になってくると考えられます。

コラム4
インタビュー

子どもが「自分でできた！」と思えるように

学習支援員　Cさん

東京都で10年以上にわたり学習支援員をしているCさんに，お話をうかがいました。

Q 支援員をしていて，よかったことやうれしかったことは何ですか？

A 担当するお子さんは，緊張や不安，イライラ，怒りなどを抱えていることも多いです。でも，気持ちを受け止めることを意識して接していくうちに，だんだん表情や緊張が和らいできたことが感じられたとき，よかったなあと思います。

また，子どもが困ったときに，子ども自ら解決に向けて動けたときはうれしいですね。いつも支援員がそばにいられるわけではないので，困ったときにどうすればよいか，折に触れて子どもと一緒に考えるようにしています。そんな日々の中で，自ら解決に向けて行動している場面を見つけると，とてもうれしく感じます。

Q 支援員として，特に心掛けていることはありますか？

A 支援員は先生ではないので，子どもの味方や通訳になるイメージをもって接しています。上から引っ張るのではなく，子どもの下にこっそり潜り込んで，気づかれないように台になったり，調子が悪いときには息抜きの場所になったりしたいと思っています。

また，「私がどうにかしてあげなければ」という自分中心の感情はもたないことが大事かなと思います。困っている子がいると手伝ってあげてしまいたくなりますが，ぐっとがまんして，子どもが自分でできることを見極め，見守ることも子どもの成長にとって大事だと思います。

あと，支援員としては，子どもにとってかけがえのない瞬間に最善をつくせるように，たくさんの支援の案を心のポケットに準備しておきたいと思っています。ただし自分が思う支援を一方的に押しつけるのではなく，あくまで大切なのは子どもの意思や気持ちです。子どもが「自分でできた!」と感じられるような支援をしていきたいです。

【引用・参考文献・ホームページ】

桂聖・廣瀬由美子（2012・2013）『授業のユニバーサルデザインを目指す 国語授業の全時間指導ガイド１年～６年』東洋館出版

黒川君江・青木美穂子・田中文恵・小林繁（2005）『〈教室で気になる子〉LD、ADHD、高機能自閉症児への手だてとヒント』（教育技術 MOOK）小学館

小池敏英（2016）『LD の子の読み書き支援がわかる本』講談社

厚生労働省「てんかん対策」
https://www.mhlw.go.jp/stf/seisakunitsuite/bunya/0000070789_00008.html（2022 年 12 月 28 日閲覧）

玉木宗久・海津亜希子・佐藤克敏・小林倫代（2007）「通常の学級におけるインストラクショナル・アダプテーションの実施可能性―小学校学級担任の見解―」日本 LD 学会『LD 研究』第 16 巻，pp.62-72

独立行政法人国立特別支援教育総合研究所「インクルーシブ教育システムに関する基本的な考え方」
http://inclusive.nise.go.jp/index.php?page_id=40（2022 年 12 月 28 日閲覧）

独立行政法人国立特別支援教育総合研究所「『合理的配慮』実践事例データベース」
http://inclusive.nise.go.jp/?page_id=110（2022 年 12 月 28 日閲覧）

内閣府大臣官房政府広報室（2021）「発達障害って、なんだろう？」
https://www.gov-online.go.jp/featured/201104/index.html（2022 年 12 月 28 日閲覧）

日本精神神経学会監修（2014）『DSM- ５精神疾患の診断・統計マニュアル』医学書院

藤野博・日戸由刈（2015）『発達障害の子の立ち直り力「レジリエンス」を育てる本』講談社

文化庁（2016）「常用漢字表の字体・字形に関する指針（報告）について」
https://www.bunka.go.jp/koho_hodo_oshirase/hodohappyo/pdf/2016022902.pdf（2022 年 12 月 28 日閲覧）

文部科学省（2021）「学校教育法施行規則の一部を改正する省令の施行について（通知）」
https://www.mext.go.jp/b_menu/hakusho/nc/mext_00034.html（2022 年 12 月 28 日閲覧）

文部科学省（2012）「共生社会の形成に向けたインクルーシブ教育システム構築のための特別支援教育の推進（報告）概要」
https://www.mext.go.jp/b_menu/shingi/chukyo/chukyo3/044/attach/1321668.htm（2022 年 12 月 28 日閲覧）

文部科学省（2021）「個別の教育支援計画の参考様式について」
https://www.mext.go.jp/a_menu/shotou/tokubetu/material/1340250_00005.htm（2022 年 12 月 28 日閲覧）

文部科学省（2021）「障害のある子供の教育支援の手引～子供たち一人一人の教育的ニーズを踏まえた学びの充実に向けて～」
https://www.mext.go.jp/a_menu/shotou/tokubetu/material/1340250_00001.htm（2023 年 1 月 23 日閲覧）

文部科学省（2017）『小学校学習指導要領（平成 29 年告示）解説 国語編』

文部科学省（2017）『小学校学習指導要領（平成 29 年告示）解説 算数編』

文部科学省（2017）『小学校学習指導要領（平成 29 年告示）解説 総則編』

文部科学省（2022）「通常の学級に在籍する特別な教育的支援を必要とする児童生徒に関する調査結果について」
https://www.mext.go.jp/content/20221208-mext-tokubetu01-000026255_01.pdf（2023 年 1 月 23 日閲覧）

文部科学省（2007）『「特別支援教育支援員」を活用するために』
https://www.mext.go.jp/a_menu/shotou/tokubetu/material/002.pdf（2022 年 12 月 28 日閲覧）

文部科学省「2. 特別支援教育の現状」
https://www.mext.go.jp/a_menu/shotou/tokubetu/002.htm（2022 年 12 月 28 日閲覧）

文部科学省（2021）「『令和の日本型学校教育』の構築を目指して～全ての子供たちの可能性を引き出す，個別最適な学びと，協働的な学びの実現～（答申）」

【監修者紹介】
小池 敏英（こいけ としひで）
尚絅学院大学特任教授。東京学芸大学名誉教授。博士（教育学）。
NPO 法人ぴゅあ・さぽーと理事長。専門は LD の子どもの認知評価と学習支援，発達障害や重症心身障害のある子どものコミュニケーション支援。主な書籍に『“遊び活用型”読み書き支援プログラム 学習評価と教材作成ソフトに基づく統合的支援の展開』（図書文化社，共編著）など。

【著者紹介】
松尾 麻衣（まつお まい）（石井 麻衣）
NPO 法人ぴゅあ・さぽーと支援相談員。
東京学芸大学大学院連合学校教育学研究科修了。博士 (教育学)。社会福祉法人鶴風会西多摩療育支援センター等で心理士として勤務し，発達障害児者の診断，療育，保護者の相談などを担当。幼稚園，保育園，学校，特別支援学校の巡回相談にも携わる。2020 年 1 月から現職。公認心理師，臨床心理士。

成 基香（そん きひゃん）
NPO 法人ぴゅあ・さぽーと支援相談員。
東京学芸大学大学院連合学校教育学研究科修了。博士(教育学)。東京都立東大和療育センター分園よつぎ療育園等で心理士としての勤務を経て 2020 年 12 月より現職。公認心理師，臨床発達心理士。専門は，臨床発達心理学，特別支援教育，発達支援，学習支援。

【協力】
特定非営利活動法人ぴゅあ・さぽーと
「学校生活支援」「児童健全育成」「障がい者就労支援」の 3 つを柱に，子どもや障害者に関わる支援事業を行う NPO 法人。学校生活支援事業では，平成 20 年より東京都品川区等の特別支援教育支援員配置に関する特別支援事業を受託している。
http://pure-support.jp/

発達障害のある子どもを支援する
特別支援教育支援員ができること

2023 年 3 月 15 日　第 1 刷発行
2023 年 8 月 5 日　第 2 刷発行

監修者 ―――― 小池敏英
著　者 ―――― 松尾麻衣・成 基香
発行者 ―――― 河野晋三
発行所 ―――― 株式会社 日本標準
〒 350-1221　埼玉県日高市下大谷沢 91-5
電話　04-2935-4671
FAX　050-3737-8750
URL　https://www.nipponhyojun.co.jp/
装丁・本文デザイン― 株式会社アイマージ（星野美江）
企画・編集 ―――― 岡 真由美
印刷・製本 ―――― 株式会社リーブルテック

　ISBN 978-4-8208-0739-1